서문문고
203

직업으로서의 학문 외

막스 베버 지음
금 종 우 옮김

해 제

금종우(琴鍾友)

이 책은 막스 베버의 ≪Wissenschaft als Beruf≫ (1919)와 ≪Politik als Beruf≫(1919)를 번역한 것이다.

이 두 논문은 뮌헨 학생집회 강연에서 처음 발표한 것인데, 그 뒤 단행본(1919년)으로 출판되었다. 이 글들은 그가 죽기 얼마 전에 발표한 것이므로 베버의 원숙한 사상이 표현되어 있다고 하겠다.

그는 1864년 4월 21일 독일 작센 주의 에르푸르트에서 출생하여 1920년 6월 14일 56세를 일기로 죽었다. 그는 본래 정치가를 지망했으나 방향을 바꾸어 법률학을 전공하면서 역사학·경제학·철학 등을 공부하여 베를린 대학을 졸업하였다.

그는 대학을 졸업하고 사법관, 시보로서 법원에 근무하는 한편, 베를린 대학원에서 연구를 계속하여 1889년 박사학위를 받았으며, 1892년에는 베를린 대학에서 교수자격을 받아, 그 해 동대학의 사강사(私講師)로서 교단에 서게 되었다.

1893년에는 베를린 대학 원외교수가 되고, 이듬해에는 프라이부르크 대학의 경제학 정교수가 되었다. 1896년에는 하이델베르크 대학에서 경제학자 크니스(K. Knies; 1821~1898)의 후임으로 초빙되어 전임했으나 1903년 신병(身病)으로 현직을 사임하고, 베를린 대학의 명예교수가 되었다. 그 이후 좀바르트(Werner Sombart; 1863~1941)와 함께 ≪Archiv für Sozialwissenschaft und Sozialpolitik≫을 편집하였다.

그의 저작은 대부분 단편적이었으나, 뒤에 그것들은 그의 부인 마리안느(Marianne Weber)에 의해서 다음과 같은 전집으로 출간되었다.

Gesammelte Aufsätze zur Wissenschaftslehre (1922)

Gesammelte politische Schriften(1920)

Gesammelte Aufsätze zur Religionssoziologie, 3 Bde. (1920. 2. Aufl. 1922~23)

Gesammelte Aufsätze zur Sozial und Wirtschaftsgenschite(1924)

Gesammelte Aufsätze zur Soziologie und Sozialpolitik(1924)

이 밖에도 ≪Wirtschaft und Gesellschaft(1921. 2. Aufl. 1925)≫과 ≪Wirtschaftgeschichte(1923, 2. Aufl. 1924)≫가 있다.

그리고 본 역서의 원서 ≪Wissenschaft als Beruf≫는 상게(上揭) ≪Gesammelte Aufsätze zur Wissenschaftslehre≫에 수록되어 있고, ≪Politik als Beruf≫는 상게 ≪Gesammelte politische Schriften≫에 수록되어 있다.

그는 법률학에서 출발하여 경제학·사회학 분야에 노작(勞作)을 남겨 사회과학 방법론의 태두로 알려졌으며, 역사연구·종교학에서 독자적인 업적을 남겼다. 그리고 예술 분야에도 손을 뻗쳤으며 정치학의 고전적 저술가로 주목을 받는 동시에, 타의 추종을 불허하는 예리한 정치평론 활동으로 독일 정치의 한 시대를 장식하기도 했다.

한편 그의 저작은 단편적이며 잠정적인 성격이 특징인데, 이 특징과 대조적으로 각국에서는 베버에 관한 연구가 증대되어 가고 있다. 그는 현대사회의 생성을 막스와는 상이한 방법으로 분석한다. 그 밑바닥에는 인간 상실의 위험을 운위하는 현대 인간으로서 어떻게 성실하게 삶을 영위할 것인가 하는 독자적이며 기본적인 문제의식을 가지고 있다.

우선 ≪직업으로서의 학문≫의 내용은 다음과 같다.

첫째, 직업으로서의 학문의 외적 조건을 들고 있는데 독일의 사강사(私講師)와 미국의 조교와의 외적 조건을 비교하여 독일의 대학이 미국화되어 간다는 것과, 그러면서 독일 대학에서의 취임과 승진이 요행의 지배하에 있다고 한다.

둘째로 직업으로서의 학문의 내적 조건을 들고 있는데, 자기의 전문에 대해 몰두할 것을 요구하고 있다.

셋째로 학문의 사명에 관해서 고찰하고 있다. 학문과 정책을 엄격히 구별할 것을 주장한다. 여기서 교사가 해야 할 의무를 말하고, 교사는 지도자가 아니라고 강조한다. 그리고 학문의 실생활에 대한 기여가 어떤 것인가에 대해 명석해지는 것과, 책임을 가지게 된다는 것이라고 한다. 이와 같은 견해의 근저에는 그의 '가치로부터의 자유(Wertfreiheit)'라고 하는 사상이 흐르고 있다.

베버가 이 책을 통해 이러한 사상을 주장했던 당시의 동향은 현존 사회에 대한 부정적 경향을 띠고 있었다. 세계대전 후의 혼란과 기존 질서에 대한 회의가 충만한 당시의 청년들은 상술한 사상 동향의 지배하에 있었고, 학계에서도 또한 같은 실정이었다.

그들은 현실이 아닌 이상, 인식이 아닌 체험, 전문가가 아닌 전인, 교사가 아닌 지도자를 바라고 있었던 것이다.

다음의 《직업으로서의 정치》는 앞서 《직업으로서의 학문》과 자매편을 이루는 것으로, 베버의 대표적인 정치논문이다. 여기서 그는 정치의 개념, 지배와 그 수단, 근대국가 권력 형성, 직업정치가, 근대 관료제, 정당, 정치와 윤리의 관계 등을 논하고 있다.

그의 이론에 의하면 직업정치는 두 종류가 있는데 정치를 위해서 생활하는(für die Politik leben) 것과, 정치에 의해 생활하는(von der Politik leben) 것이 그것이다. 그리고 직업정치가는 정열(Leidenschaft)과, 책임감(verantwortungsgefühl), 목측(目測, Augenmass)이 결정적 소질이라고 한다. 정열은 일에 몰두하는 태도를 의미하며, 객관적 의미에서의 정열이다. 그러나 정열이 일에 대한 올바른 봉사가 되려면 사물에 대한 책임이 행동의 결정적인 지침이 되어야 한다고 한다. 그리고 정신 집중과 평정을 가지고 현실을 자신 위에 작용시키는 능력인 목측(目測)이 필요하다고 한다. 그것은 사물과 인간을 거리를 두고 보는 태도를 의미하며, 거리를 두지 않고 사물을 본다는 것은 정치가로서는 커다란 과오가 된다는 것이다.

  역자는 15, 6년 전부터 본서(本書)를 대학의 원서강독 교재로 몇 차례 다루어 왔는데, 그 이유는 적당한 교재로 쓸 만한 것이 흔하지 않다는 것과 베버의 학문에 대한 정열과 겸허한 태도, 인식의 존재 제약성을 극복하려는 성실한 사상에 호감을 가졌기 때문에 여기에 번역하기에 이르게 되었음을 첨기하는 바이다.

1976년 1월

◎ 직업으로서의 학문 외

차 례

해제(解題)   금종우·*3*
직업으로서의 학문·*11*
직업으로서의 정치·*83*

직업으로서의 학문

직업으로서의 학문

 나는 여러분들의 요망에 따라 '직업으로서의 학문'에 관하여 이야기하고자 한다. 그런데 나도 그렇지만, 대개 우리 경제학자들 공통의 성향(Pedanterie)은 항상 사물의 외적 사정으로부터 고찰해 나가는 버릇이 있다. 따라서 여기서는 경제적 의미에 있어서 직업으로서의 학문은 어떠한 상태에 있는가 하는 문제로부터 출발하려 한다. 그러나 이 문제는 오늘날 실제에 있어 본질적으로 다음과 같은 것을 의미한다. 즉, 대학생이 졸업한 뒤에 대학에 남아서 직업적으로 학문에 전념하려고 결심하는 경우, 그는 어떠한 사정에 놓여 있는가 하는 것이다. 이 점에 있어 우리 독일 사정의 특수성을 이해하기 위해서 외국 사정, 특히 이 방면에 가장 첨예하고 대조적인 미국의 사정을 비교 고찰하는 것이 편리하다.
 주지하는 바와 같이 우리나라(독일)에서는 직입으로서의 학문에 전념하는 젊은이의 진로는 보통 사강사(Privatdozent)로부터 시작한다. 그는 그의 저서나 또는 대개 형식적인 시험에 입각하여 해당되는 과의 주임 교수의 전형 및 승인을 얻은 뒤에 어떤 대학에 취임한다. 그리고 그는 오직 학생들로부터 청강료를 받을 뿐, 무급으로 강의한다. 이 경우 강의 제목은 허용된 일정한 범위 내에서 그 자신이 선정하는 것이다.

미국에서는 그 진로가 원칙적으로 전혀 다르다. 즉, 그곳에서는 조교(Assistent)로 임명되는 것으로 시작한다. 마치 우리나라의 자연과학과 의학 계통의 큰 연구소에서와 마찬가지로, 극소수의 조교들이 사강사로 정식 취임하며, 그것도 오랜 후일에 겨우 이루어지는 것이 보통이다. 이 대조는 실제 다음과 같은 것을 의미한다. 즉, 우리나라에서는 학문에 종사하는 사람의 진로는 전적으로 금권주의적 전제 위에 성립되어 있다는 것이다.

왜냐하면 재력이 없는 젊은 학자가 일반적으로 대학 교직에 취임하는 것은 대단한 모험이기 때문이다. 그는 적어도 수년 동안은 이에 수반하는 제 조건을 감내해야 하며, 더구나 그는 그 기간을 통해서 후일 생계를 유지할 수 있는 지위에 취임할 기회가 있을지 없을지도 알 수 없기 때문이다. 이에 대하여 미국에서는 관료주의적인 제도로 되어 있다. 거기서는 처음부터 급료가 정확하게 지급된다. 물론 반숙련공의 급료 정도의 수입이다. 그렇지만 그는 고정된 급료를 받으니까 외견상 안정된 지위에서 시작하는 것이다. 다만 우리나라 조교들과는 달리 그들을 해고시킬 수도 있는 규칙이 있어서 그가 기대에 어긋나게 할 경우, 이 규칙은 종종 무자비하게 적용되는 일이 있다.

이 기대라는 것은 그의 강의실이 만원(volle Häuser)이 되게 하는 것을 의미한다. 그러나 독일의 사강사에게는 이런 일이 일어나지 않는다. 일단 그 지위를 얻게 되면 지위를 잃지 않는다. 보다 정확하게 말하면 그 청구권(Ansprüche)을 가지고 있는 것은 아니다. 그러나 그가 다년간 근무하고 있으면 다른 사람들이 그 자신을 고려해 준다는 도의상의 권리를 가진다고 그는 생각한다. 더욱 다른 사강사의 취임이 문제가 되는 경우에도 비슷한 기대를 가질 수 있는 것이 주목할 만하다. 그런데 원칙적으로 유능하다는 정평이 있는 모든 학자에게 취임케 할 것인지, 혹은 교직의 수요 정도를 고려하여 현존 강사들에게 독점권을 부여하여야 하는지의 문제는 어려운 딜레마인데, 이것은 후술하는 바와 같은 대학에서의 직업이 가지는 이중성격과도 관계되는 것이다. 대개의 경우 두번째의 방법이 채택된다. 그러나 후자의 경우, 주임교수가 그 자신이 매우 양심적으로 처리한다고 하더라도 자기 제자를 우대하는 위험성을 가져오기 쉽다는 것이다. 이 점에 관하여 나 자신의 경우를 말하자면, 나 개인으로서는 나로부터 학위를 받는 학자는 나 이외 다른 교수에 의해서 전형을 받게 하고 또 다른 곳에 취직하여야 한다는 원칙을 세우고 있다. 그러나 그 결과 아무도 이러한 나의 원칙에 입각하여 다른 교수에게 보내졌다고는 믿지 않았기 때문에 나의 가장 유능한 제자가 다른 곳에서 취직을 거절당했던 것이다.

미국의 사정과 큰 차이점은 우리나라에서는 사강사가 일반적으로 그가 원하는 것보다 더 적은 시간 수의 강의를 할 수 있을 뿐이라는 점이다. 물론 권리의 관점에서는 그는 그 과의 모든 강의를 할 수 있다. 그러나 그렇게 하는 것은 나이 많은 선배 교수에 대해 지나치게 염치없는 짓이 된다. 원칙적으로 본강의(die grossen Vorlesungen)는 주임교수가 하고, 강사는 이에 부수되는 강의로서 만족해야 한다. 이 이점은 비록 마음이 내키지 않는다 하더라도, 그의 젊은 시절을 충분히 자신의 연구생활에 이바지하게 할 수 있다는 점이다.

미국은 이와 전혀 다르게 조직되어 있다. 즉, 강사는 급료를 받고 있기 때문에 그의 귀중한 젊은 시절을 줄곧 대학의 업무에 바쳐야 한다. 이를테면 독문학과에 있어 정교수는 '괴테'만 주당 세 시간 정도의 강의를 하면 되지만, 이와 달리 젊은 조교들은 매주 12시간의 강의를 한다. 그나마 독일어의 초보에서 울란트(Uhland)[1]급 정도의 시인들까지 강의할 수 있게 되면 퍽 다행한 일이다. 왜냐하면 강의 계획은 각 학부의 교수회에 의하여 미리 결정되며, 조교들은 우리나라의 연구소 조교와 마찬가지로 이에 따라야 하기 때문이다.

이제 우리나라의 사정을 볼 때 최근의 대학제도는 대체로 이 미국식 경향에 접근해 가고 있다는 것을 명백히 알 수 있다. 오늘날 우리나라의 의학이나 자연과학의 큰 연구소들은 모두 국가자본주의적 사업이다. 이들 사업은 물론 매우 광범위한 경영수단 없이 영위될 수 없다. 그래서 일반적으로 자본주의적 경영에 수반되는 것과 동일한 사정이 여기에서도 일어난다. 즉, 노동자의 생산수단으로부터 분리(die Trennung des Arbeiters)가 곧 그것이다. 노동자—따라서 여기서는 조교—는 국가에서 대여한 노동수단에 전적으로 의존한다. 그러므로 그는 마치 공장주에 대한 공장노동자처럼 연구소장에게 의존하는 것이다. 왜냐하면 연구소장은 이제 연구가 당연히 자기의 연구소이며, 자기가 연구소 내를 지배한다고 생각하고 있기 때문이다. 따라서 조교들은 때때로 프롤레타리아와 같이, 또한 미국의 대학 조교와 같이 불안정한 위치에 처해 있는 것이다.

이와 같이 우리들 독일의 대학생활은, 우리들 일반

생활과 같이 현저하게 미국화하고 있다. 그리고 내가 말한 이들 변화는 더욱 개개의 학과 내에 파급될 것이다. 또 이들 학과는 마치 옛날 수공업자가 노동수단을 스스로 가지고 있었던 것처럼, 나의 학과에서는 지금도 대체로 그렇지만, 종래에는 일반적으로 사강사는 그의 노동수단(실제에 있어서는 도서류)을 자신이 소유하고 있었다. 그러나 이제 사정은 매우 변화하고 있다.

이 변화가 기술상의 진보라는 것은 의심할 여지가 없으며, 일반적으로 자본주의적 그리고 관료주의적인 경영에는 이 기술상의 진보라고 하는 변화가 있다. 그러나 이러한 경영을 지배하는 정신은 독일 대학의 전통적인 기풍과는 판이한 것이다. 또 그러한 대규모의 자본주의적 대학 경영의 관리인과 보통의 고풍을 지닌 교수들과의 사이에는 표면적으로나 내면적으로 커다란 간격이 있다. 대체로 그 마음가짐이 벌써 다른 것이다. 그러나 여기서는 이 이상 더 논하지 않겠다. 어쨌든 오늘날 재래의 대학제도는 표면적으로나 내면적으로나 벌써 명목만의 것이 되어 버렸다. 다만 교수의 승진에 관해서는 고유의 것이 남아 있을 뿐만 아니라 증대되고 있다.

즉, 사강사나 조교가 언젠가는 정교수나 연구소 간부가 될 수 있는지 없는지는 다만 요행을 기다리는 수밖에 없다. 이 경향은 종전보다 더해 갈 것이다. 참으로 그것은 상상 외로 우연에 의존하는 것이다. 아마 이보다 더 우연에 의존하는 진로는 아무 곳에도 없을 것이다. 내가 감히 이 점을 강조하는 것은 나 자신도 우연의 덕택으로 나와 같은 연배이며 확실히 나보다 더 적임자가 있었음에도 불구하고 젊은 나이로 한 학과의 정교수에 임명되었기 때문이다. 그리고 또한 이러한 경험을 하였기 때문에 나는 많은 사람들의 불우한 경우를 보다 더 잘 알고 있다고 확신하고 싶다. 이 사람들의 경우는 우연히 나 자신의 경우와는 정반대 되는 결과가 초래되었던 것이며, 그들이 설령 아무리 재능을 갖추었다 하더라도 이러한 선택 조직 내에서 그들은 그들에게 상응하는 지위를 차지할 수 없었던 것이다.

그런데 이와 같이 커다란 역할을 하는 것이 재능이 아니고 요행이라는 것은 유독 정실(精實)이 작용한 것은 결코 아니다. 물론 정실이란 것이 인선(人選)에는 반드시 따르는 것이다. 그러나 그렇다고 해서 인선이 모두 정실에 의존하고 있다고 생각하는 것은 잘못이다. 그렇게도 많은 평범한 인사들이 대학에서 큰 세력을 잡고 있다는, 이해하기 곤란한 사실의 근거를 각 학부나 문교 당국의 책임자의 인격적인 저열에서 찾는다면 그것은 부당한 것이다. 오히려 이것은 많은 사람이나 특히 많은 단체가 협력하는 경우에 지배하는 공통적인 어떠한 사회법칙에서 말미암은 것이며, 어떤 학부가 문교 당국과 협력하여 인선할 경우도 역시 이 법칙의 지배를 면치 못한다. 이와 유사한 현상은 과거 수세기간에 걸친 교황 선거의 경우에 언제나 볼 수 있었던 바, 이는 동일한 절차를 취하는 인선의 예로써 이 문제에 관하여 이해하는 데는 매우 중요한 것이다. 즉, 일반적으로 인기 있는 사람이라고 일컬어지는 추기경이 당선되는 일은 드물고, 오히려 제2 내지 제3후보자가 당선되는 것이다. 더욱 미국 대통령 선거의 경우도 마찬가지이다. 여기서도 제1후보이며, 가장 인망이 높은 자가 그 소속 정당의 지명을 받는 경우는 오히려 드문 일이며, 대개는 제2후보나 경우에 따라서는 제3후보가 지명되어 선거권 내에 들게 된다. 미국에서는 이와 같은 인선방식에 관해 벌써 여러 가지 사회학적인 술어가 생기고 있을 정도이다. 또 이 같은 단체 의사에 의한 인선의 제 법칙을 연구한다면 대단히 흥미 있는 일이 될 것이다. 오늘 이 자리에서는 이 점에 더 깊이 들어가서 고찰하지는 않겠다.

그러나 여하튼 이들 법칙은 대학 교직원의 경우에도 해당되는 것이므로 우리들이 기이하게 생각하는 것은 가끔 착오가 생긴다는 것이 아니라, 오히려 이러한 방법으로 선출되는데도 불구하고 언제나 비교적 적임자가 임명되는 경우가 많다는 것이다. 오늘날 몇몇 국가가 그러한 것처럼 의회라든지, 혹은 종래 우리나라의 군주라든지, 또는 현재의 우리나라처럼 혁명의 권력자들이 어떤 정책적 이유에서 이 점에 대해 간섭할 경우에만 그러한 착오 없이 평범하게 아부하는 자나 야심가만이 취임할 수 있는 기회를 가질 수 있다.

대학교수들 가운데 자기가 취임했던 당시 사정을 회상하기를 좋아하는 사람은 아무도 없을 것이다. 왜냐하면 그것은 대개 불쾌한 회상이 되기 때문이다. 또한 나는 내가 아는 한 여러 가지 경우에, 거기에는 예외 없이 선택의 공평을 기하려는 선의가 작용하고 있었다는 것을 감히 말할 수 있다.

그런데 교원의 운명을 결정하는 것이 거의가 요행이라는 것은, 다만 단체 의사에 의한 인선방법의 결함에서 유래하는 것은 아니며, 여기에는 아주 다른 이유가 구명될 필요가 있다. 즉, 학문을 자기의 천직이라고 자각하는 청년은 그의 과제가 일종의 이중성격을 가지고 있다는 것을 명백히 해야 한다. 환언하면 그는 학자로서의 성격뿐만 아니라, 교사로서의 성격을 가져야 하는 것이다. 이들 두 성격은 결코 합치하는 것이 아니며, 대단히 탁월한 학자이면서 교사로서는 신통치 못한 사람이 있을 수 있는 것이다.

나는 헬름홀츠(Helmholtz)[2]나 랑케(Ranke)[3]와 같은 사람들의 교사로서의 활동이 상술한 바와 같았다는 것을 기억하고 있다. 더구나 이런 사람들은 결코 희귀한 예외는 아닌 것이다. 그런데 여기에 또한 다음과 같은 주목할 만한 일이 있다. 즉, 우리나라의 여러 대학, 특히 군소 대학은 언제나 학생 수의 다소에 관해 가소로운 경쟁들을 벌이고 있다는 것이다.

대학가의 하숙집 주인들은 학생 수가 천 명이 되면 잔치를 베풀고, 학생 수가 2천 명에 달하면 횃불 행렬로 최고의 축하를 하는 것이다. 솔직하게 말해서 청강료의 수익은 인접 학과에 인기 있는 강좌가 있으면 그에 따라 변동되며, 이 점을 도외시하더라도 청강생 수는 무엇보다도 숫자적으로 명확한 표적이 되는 데 반해, 학자로서의 자질은 측정할 수 없으며, 특히 대담한 학설의 개혁자들은 가끔—당연한 일이지만—이 자질을 의심받게 되는 것이다. 따라서 이 청강생이 많다는 커다란 행운과 그에 따른 절대적인 평가가 보통 모든 것을 결정하는 표준이 된다.

만약 어느 강사가 교사로서는 신통치 못하다는 평판을 듣는다면, 설령 그가 세계 제일 가는 학자라 하더라도 대개의 경우 대학에 몸을 담은 사람으로서는 사형 선고를 받은 것이 된다. 요컨대 어떤 사람이 교사로서 우수한가, 그 반대인가는 학생들의 출석 수에 의하여 결정된다.

그렇다면 문제는 어떠한 교사에게만 학생들이 모여드는 동기가 되는가? 대부분은 성격이라든가 또는 단순한 말의 음률과 같은 외면적인 사항이라는 것이다. 그럼에도 불구하고 출석 수가 얼마나 감정적 요소에 의해 좌우되는가에 관해서는 사람들이 믿지 않을 정도이다. 이 점에 관련하여 나는 다년간의 경험과 냉정한 관찰을 통하여 일반적으로 많은 청강생을 모아 놓고 하는 강의의 가치를 의심한다. 물론 그것은 불가피한 일이다. 또한 그것은 민주주의의 당연한 귀결이기도 한 것이다. 그러나 우리들은 학문적인 훈련이 우리나라 대학의 전통이 보여 주듯 본래 그것은 하나의 아리스토크라틱(aristocratic)한 정신적 직업이라는 것을 부인할 수 없다.

한편 학문상 문제 설명의 두뇌는 명석하나 교육을 받지 못한 사람에게 이해시켜서—이것은 우리들에게 결정적으로 중요한 것이다—문제를 스스로 생각해 나아갈 수 있도록 해설한다는 것은 아마 교육상 가장 곤란한 과제일 것이다. 이것은 확실히 그렇다. 그러나 이 과제가 이루어졌는지 그렇지 못한지는 청강생의 수에 의해 결정되는 것은 아니다—우리가 당면해 있는 테마에 관하여 다시 이야기하자면—그러한 해설의 기술은 결국 개인적인 천부의 자질이지 이들이 반드시 학자로서의 성질과 일치하는 것은 아니다. 프랑스와는 달리 우리나라에는 학문상의 불사자(不死者)[4]의 단체 같은 것은 없으며, 대학은 우리의 전통에 입각하여 연구 및 교수라는 두 과제를 다같이 존중하여야 한다. 그렇지만 이들 두 가지 재능을 겸비한 학자의 출현은 전혀 요행에 맡길 수밖에 도리가 없다.

그리하여 대학에 봉직하는 사람의 생활은 모두 요행의 지배하에 있다. 젊은이들로부터 취직에 관한 상담을 받았을 경우에도 우리들은 그들에 대하여 자신이 이야기한 말에 대한 책임을 질 수 없다. 만일 그가 유태인이었다면 우리들은 물론 '모든 희망을 버려라'[5] 하고 말한다. 그러나 비록 그가 유태인이 아니었더라도 그러한 경우 우리들은 그에게 '자네는 평범한 동료들이 매년마다 자네를 앞질러 승진해 가는 것을 보고도 화내거나, 자포자기하지 않고 견딜 수 있다고 생각하느냐' 하는 다짐을 받아 두지 않으면 안 된다. 그런데 이러한 사람들로부터 받게 되는 대답은 일률적으로 정해져 있다. 즉, '물론입니다. 나는 다만 나의 사명을 다하기 위해 살아갈 것입니다' 하는 대답인 것이다. 그러나 적어도 내 경험으로 보아 이러한 사람들이 정신적으로 고통을 받지 않고 그 생활을 감내해 낸 예는 극히 드물다는 것이다.

직업으로서의 학문의 외적 조건에 관해서는 이상으로써 충분할 것 같다.

그러나 여러분들은 사실 나에게 어떤 다른 것, 즉 학문을 직업으로 삼으려는 사람의 마음가짐 같은 것에 관하여 이야기를 듣고자 한다고 믿는다. 그런데 오늘날 이 직업으로서의 학문에 종사하는 사람이, 직업으로서의 학문의 경영에 대면한 그 주관적 태도에서 결정적인 것은 무엇보다도 먼저 학문이 오늘날 종래 볼 수 없었던 정도로 전문화 과정에 돌입하고 있으며, 또한 이와 같은 경향은 금후 계속될 것이라는 사실이다. 오늘날 무엇이든 실제적으로 학문상의 과업을 완성했다는 자랑은 다만 자기 전문분야에 몰입함으로써만 얻게 되는 것이다. 이것은 단순히 외적 조건으로서 그럴 뿐만 아니라 내적 조건에 있어서도 그러한 것이다.

우리들이 가끔 범하는 일이지만 학문에 종사하는 사람은 인접 영역의 경계를 침범하는 일에는 일종의 체념이 필요하다. 예를 들어 사회학자가 하는 일은 본래 이런 성질의 것이나, 이 경우 그는 비록 전문가에 대하여 그 전문적 관점에서는 오히려 쉽게 착안할 수 없는 유익한 문제를 제출할 수 있다 하더라도, 막상 이 문제를 자기 자신의 일로써 행하여 보았을 때 그 결과는 지극히 불완전한 것이 되어 버리고 마는 것이다.

학문에 종사하는 사람은 오직 자기 자신의 전문분야에 몰두함으로써만 자기는 그 분야에 후세까지 남길 수 있는 일을 성취했다는, 아마 일생을 통하여 두 번 다시 맛볼 수 없을 정도의 큰 기쁨을 느낄 수 있는 것이다. 사실 완벽하고 위대한 업적은 오늘날 모두 전문가적으로 성취된 것이다. 그러므로 이른바 스스로 눈가리개를 낄 수 없는 사람이나 자기의 심혈을 기울여, 이를테면 어떠한 사본의 어느 부분의 옳은 주석을 다는 데 몰두하지 못하는 사람은 우선 학문과 인연이 먼 사람들이다. 이런 사람은 마침내 사람들이 말하는, 학문을 몸소 체험한다는 것은 불가능한 일이다.

이와 같이 희귀한 제삼자에게는 일반적으로 우스꽝스럽게 보이는 삼매경, 이러한 정열, 즉 앞에서 말한 것과 같은 어떤 사본의 어느 부분에 관하여 '이것이 영원한 문제다'라고 하여 모든 것을 잊고, 그 해석을 옳게 하는 데 열중함─이러한 것들이 없는 사람은 학문을 직업으로 삼을 수 없다. 이런 사람은 학문 이외의 다른 어떤 것을 하라! 왜냐하면 인간으로서 자각이 있는 사람에게는 정열 없이 할 수 있는 모든 것은 무가치한 것이기 때문이다.

그러나 한편 이러한 사실도 있다. 아무리 정열이 있고, 또한 그것이 아무리 깊고 순수한 것일지라도 도출

될 이치가 없는 결과를 강제할 수 없다. 물론 정열은 이른바 영감을 나타나게 하는 기반이며, 이 영감이란 학자에게는 결정적인 것이다. 그런데 요사이 젊은이들 사이에는 학문을 마치 실험실이나 통계실에서 다루는 계산 문제와 같은 것으로 보는 생각이 널리 퍼져 있다.

마치 공장에서 무엇을 제조하는 경우와 같이 학문은 벌써 온 정신(der ganzen Seele)을 기울일 필요 없이 다만 기계적으로 생각하는 것만으로 이룩할 수 있게 되었다고 생각한다. 그러나 여기서 주의할 것은 이러한 사람들의 대부분은 공장이나 실험실에서 어떤 일을 하고 있는가에 관해서는 아무것도 모르고 있다는 사실이다.

실험실이나 공장에서 어떤 의의 있는 결과를 도출하기 위해서는 어떤—더구나 적합한—착상을 필요로 하는 것이다. 그렇다고 해서 이 착상을 강제할 수 없다. 물론 그것은 단순히 기계적인 계산과는 거리가 멀다. 하기야 이러한 계산도 착상을 얻기 위해서는 불가결한 하나의 수단이 되기도 한다.

이를테면 이러한 의미에서 사회학자가 저마다 노후의 몇 개월 동안이나 수만 개의 무의미한 계산 문제에 머리를 쓰고 있었다고 하여 그가 후회할 것까지는 없는 것이다.

다만 이러한 경우 기계적인 조력에만 의존한다면 아

마 기대하는 결과는 나오지 않을 것이다. 또한 비록 나오게 되었다고 하더라도 대체 보잘것없는 결과에 지나지 않을 것이다. 그러나 한편 여기서 계산의 목적이라든지 또는 계산 도중에 나오게 되는 개개의 결과가 가져오는 효과 등에 관해서 미리 무엇을 착상하고 있지 않았더라면 실은 보잘것없는 결과마저 나오지 않게 될 것이다.

일반적으로 착상이라는 것은 일에 열중하고 있는 경우에만 나타난다. 그러나 물론 그것이 반드시 그렇게 된다고 할 수는 없는 것이다. 그런데 전문가가 아닌 사람의 착상이 보통 전문가의 그것에 비하여 동일하거나 오히려 더 훌륭한 학문적인 결과를 가질 수 있다.

사실 우리들의 학문 영역에서 가장 뛰어난 문제와 또는 그에 대한 가장 훌륭한 해석은 대부분이 전문가가 아닌 사람의 착상에 의존하고 있다. 헬름홀츠(Helmholtz)가 로버트 마이어(Robert Mayer)[6]에 관하여 논하고 있는 것처럼, 전문가가 아닌 사람을 전문가로부터 구별하는 것은 다만 비전문가가 일정한 작업 방법을 결여하고 있어서 소여(所與)의 착상에 관하여 그 효과를 판정하고 평가하여 나아가 이를 실현하는 능력을 갖지 못한다는 한 가지 점에 있는 것이다. 착상은 작업의 역할을 할 수는 없지만, 한편 작업이 착상을 대신하거나 또 착상을 강제할 수도 없다. 그것은 마치 정열이 이를 다할 수 없는 것과 마찬가지이다.

작업과 정열—무엇보다도 이 양자가 합쳐서—이 착상을 유인하는 것이다. 하지만 착상은 우리들이 욕구할 때 나타나는 것이다. 그러나 그것은 우리들의 뜻대로는 되지 않는다. 실제로 훌륭한 착상은, 이를테면 예링(Jhering)[7]이 쓰고 있듯이 소파 위에서 담배를 피우고 있을 때라든지 또는 헬름홀츠가 자연과학자다운 정밀성을 가지고 기술하고 있는 것처럼 완만한 비탈길을 산책하고 있을 때라든지 하는 경우에 일어나는 것이 흔한 일이며, 그것은 사람이 책상 앞에 앉아서 골몰하고 탐구에 열중할 때가 아니고, 오히려 그것을 기대하고 있지 않을 때 갑자기 나타나는 것이다. 그렇다고 이와 같은 골몰함과 탐구함을 게을리하고 있을 때 착상이 나타난다는 것은 아니다. 또한 무엇인가 열중하는 문제를 가지고 있지 않는 경우에도 마찬가지이다.

어쨌든 이와 같은 영감이 주어지느냐의 여부는 운수 소관인 것이다. 학문에 종사하는 사람은 이 점에서도 그 요행의 지배를 감수하시 않으면 안 된다. 우수한 학자이면서 착상을 얻지 못한 사람도 있다. 그리고 이러한 것이 오로지 학문의 경우에만 일어나는 것이고, 이를테면 상점이나 실험실에서 그러한 일이 일어나지 않는다고 생각하는 것은 큰 잘못이다.

상인이나 큰 실업가가 상인으로서의 상상력, 즉 환언하면 독창적인 착상이 결여되면 일생을 통하여 기껏해야 점원이나 기술적인 관리인에 그쳤을 뿐일 것이다. 아마 이러한 사람들이 어떤 독창적인 새로운 창조를 이룩할 수는 없을 것이다.

영감은 학문적 영역에서—학자의 자만에 의하면—사업가에 의한 실생활 문제를 성취하는 데 보다 큰 역할을 하는 것으로 상상하지만 사실은 그렇지 않다. 또 학문적 영역에서는 예술 부문이 보다 영감이 필요하지 않다고 생각하는 것도—종종 오해된다—틀린 생각이다. 만약 수학자가 다만 책상 앞에 앉아 자[尺]나 계산기를 사용하는 것만으로 학문적으로 가치 있는 결과에 도달하는 것이라고 생각한다면 그것은 유치한 생각이라 하지 않을 수 없다. 바이어르시트라스(Weierstrass)[8]의 착상은 그 의의와 효과면에서는 물론 예술가의 착상과는 다를 것이며, 또한 그 종류도 다르지만 그것이 머리에 떠오르는 과정은 동일한 것이다. 즉, 양쪽 모두 플라톤의 의미에서의 마니아(mania)에 상당한 삼매경과 영감인 것이다. 그런데 학문상의 영감이 누구에게나 부여될 수 있는가의 여부는 숨겨진 운명에, 특히 천부(Gabe)에 달려 있는 것이다. 이것은 명백한 사실이다. 이 사실을 궁극적인 근거로 하는 것은 아니지만, 최근 젊은이들 사이에는 이상한 종류의 우상숭배가 퍼져 있다. 그것은 이미 주지의 사실이며, 오늘날 모든 길모퉁이나 모든 잡지 속에서도 널리 찾아볼 수 있다.

여기서 말하는 우상이란, 즉 개성과 체험이다. 이 양자는 서로 밀접하게 결합한다. 즉, 개성은 체험에서 형성되며, 체험은 개성에 속하는 것이라는 생각이 지배하고 있다. 사람들은 체험해 보려고 애쓴다―왜냐하면 그것이 개성을 가진 사람에게 어울리는 행위이기 때문이다―그러나 만일 그것을 얻지 못하는 경우에는 적어도 하느님이 주신 선물인, 이 개성을 가지고 있는 것처럼 가장하지 않으면 안 된다. 종래에는 이 체험이라는 의미로, 감동(Sensation)이라는 말이 독일어로 사용되어 왔던 것이다. 그리고 개성이라는 것도 종전에는 훨씬 더 적절한 관념이 있었던 것이라고 생각한다.

존경하는 청중 여러분! 학문 영역에서 개성을 가질 수 있는 사람이란 전적으로 학문에 헌신하는 사람인 것이다. 그리고 이러한 것은 유독 학문 영역에 국한되는 것은 아니다. 예술가가 자기 일에 열중하는 대신, 어떤 다른 것에 손을 댄다고 한다면 그는 우리들이 알고 있는 한 위대한 예술가라고 할 수 없는 것이다. 그 예술이 문제되는 한, 괴테급(級)의 개성을 가진 사람이라도 만일 자기 생활 그 자체를 예술작품화하려고 하는 시도를 감행할 경우에는 반드시 그 보복을 받게 될 것이다.

이에 대하여 혹 미심쩍게 생각하여, 괴테와 같은 사람이었기 때문에 이러한 일들을 감행할 수 있는 것이 아닌가 하고 말하는 사람이 있을 것이다. 그것은 당연한 의문이지만 적어도 괴테와 같은 불세출의 천재에 한하지 않고 어떠한 사람이든지 이를 감행하는 자는 반드시 그 보복을 받지 않을 수 없다는 것은 의심할 여지가 없는 것이다. 이것은 정치가의 경우에도 마찬가지이다. 그러나 지금 여기서는 이에 관하여 언급하지 않겠다.

어쨌든 자기 자신을 잊고 전념해야 할 일을 반대로 자기의 이름을 팔기 위한 수단처럼 생각하고 자기가 어떤 인간인가를 체험으로써 보여 주겠다고 생각하고 있는 사람, 즉 나는 특수전문가라는 것을 증명하려는 사람, 다시 말하면 내가 말한 것은 다른 아무도 아직 말하지 않았던 것이라고 생각하는 사람은 학문적으로 확실한 개성을 가진 사람이 아니다. 이 같은 사람들의 출현은 오늘날 흔한 현상이지만 그것은 부질없이 스스로의 이름을 떨어뜨릴 뿐이며, 대국적인 면에는 아무런 기여도 하지 못하는 것이다. 그보다 오히려 반대로 자기 자신을 희생적으로 자기 과제에만 전념하는 사람이야말로, 오히려 그 일의 가치를 높이는 동시에 자연히 그 이름도 높이는 결과를 초래할 것이다. 이 점은 예술가의 경우 또한 마찬가지이다.

그러나 이 점은 같지만 다른 편에서 학자가 하는 일은 예술가의 그것과는 아주 다른 운명 아래 놓여 있다. 즉, 그것은 항상 진보해 가야 하는 운명에 놓여 있다는 것이다. 이에 반하여 예술에는 진보라고 하는 것이 없다. 적어도 학문에서 말하고 있는 의미의 진보는 없다. 어느 시대의 예술품이 새로운 기술상의 수단이나, 이를테면 원근법과 같은 것을 사용하고 있다고 해서, 이와 같은 수단이나 방법의 지식을 결여한 작품에 비교하여 그것이 예술로서 우월하다고 생각하는 것은 잘못이다. 올바른 재료를 선택하여 올바른 수법을 쓴 것이라면, 즉 비록 그와 같은 새로운 수단과 방법을 사용하지 않더라도 주제의 선택 및 제작 절차에서 예술의 정도를 가는 것이기만 하면, 그것은 예술로서의 가치에서 결코 저열한 것은 아니다.

이 점에서 진정 달성된 예술품은 다른 것에 의하여 대체된다든가 시대에 뒤떨어지게 된다든지 하는 일은 없다. 원래 작품의 평가는 사람에 따라 각각 달라질 것이다. 그러나 참으로 예술로서 달성된 작품에 관해서는 마찬가지로 달성된 다른 작품보다 이것이 능가했다고는 아무도 말할 수 없는 것이다.

그러나 학문의 경우에는 자기 업적이 10년이 지나고 20년이 지나고 다시 50년이 지나는 가운데 곧 시대에 뒤떨어진다는 것은 누구나 알고 있는 것이다. 이것은 학문적인 일의 공통 운명이다. 바로 이 점에 학문의 근본적인 의의가 존재하는 것이다. 비록 이와 같은 운명이 다른 문화 영역에서도 존재한다 하더라도 학문은 이들 전부와는 다른 방법으로 이 운명에 복종하며, 이 운명에 헌신하는 것이다. 즉, 학문상의 달성은 항상 새로운 문제 제기를 의미하며 그것은 다른 것에 의해 타파되어 시대에 뒤떨어지게 되는 것을 오히려 자청하는 것이다.

학문에 종사하고자 하는 사람은 모두 이를 감수해야 한다. 물론 학문상의 업적이 그것의 예술적 성질 때문에 오락품으로, 혹은 학문상의 연구를 위한 훈련수단으로 후세까지 전래되고 중요시되는 경우도 있을 수 있다. 그러나 한편 실질적으로는 언제나 다른 것에 의하여 대체되는 것이다. 이것은—되풀이해서 말하거니와—우리들 서로간의 공통 운명이 아니라 공동의 목적인 것이다. 원칙상 이 진보는 무한히 계속되는 것이다. 이래서 우리들은 여기서 학문의 의의가 어떠한 것인가의 문제에 당면한다. 사실 이 같은 운명에 놓여 있는 것들이 도대체 의의 있는 것인가 아닌가는 결코 자명한 것이 아니기 때문이다.

 사실상 종결이라는 것을 볼 수 없고, 또한 사람들은 종결지을 수 없는 일에 무엇 때문에 종사하는 것일까. 우선 사람들은 이렇게 대답한다. 즉, 그것은 실천상 내지 기술상의 여러 가지 목적 때문이라고 한다. 환언하면 학문상의 경험이 가르치는 바에 따라 현실적 행위를 바람직하게 하기 위해서라고 한다. 그렇다. 하지만 그것은 다만 실제가에 대한 의의에 지나지 않는다.

 문제는 오히려 학문을 자기 자신의 직업으로 삼고 있는 사람의 내적 태도가 어떤 것인가이다. 물론 그것은 그가 이러한 것을 일반적으로 추구하고 있는 한에서이다. 그런데 그와 같은 사람은 말한다. 즉, 학문은 그 자체를 위하여 이루어지는 것이라고. 다만 사람들에게 사무상의 혹은 기술상의 편의를 제공하기 위하여 행해지는 것도 아니고, 또한 사람들의 의식주를 개선하기 위해 행해지는 것만도 아니라고 한다.

 그러면 그는 항상 시대에 뒤떨어지게끔 운명지워진 것을 가지고, 이처럼 전문화되고 또 영원히 끝없는 일에 결부된 것을 가지고, 대체 어떠한 뜻깊은 일을 하고 있다고 생각하는 것일까. 이제 이에 관해서는 약간의 검토가 필요하다.

 학문의 진보는 합리화 과정의 일부, 더구나 가장 중

요한 부분을 형성한다. 이 합리화 과정은 몇천 년 이래 우리들을 지배해 온 것이다. 그런데 오늘날 일반적으로 이에 대한 태도는 매우 부정적이다.

우리들은 먼저 이 학문 및 학문상의 기초와 기술에 입각한 주지주의적 합리화가 실제에서는 어떠한 것을 의미하는가를 명백히 하자. 설마 지금 이 강당에 참석하고 있는 여러분들은 누구든지 인디언이나 호텐토트(Hottentotte)[9]인보다 더 잘 자기 생활조건에 관하여 알고 있다고 말할 수 있겠는가? 그렇지 못할 것이다.

예를 들면 우리들이 전차를 탔을 때 전문적인 물리학자라면 몰라도 일반인으로는 누구나 그 움직이는 이치를 모른다. 또 몰라도 별 지장이 없다. 우리들은 다만 그것이 어떻게 움직이는가를 예측할 수 있으면 된다. 즉, 우리들은 전차의 움직임에 따라서 흔들린다. 그것이 어떤 구조에 의해서 움직이는가는 처음부터 제대로 알지 못하고 있다. 그러나 미개인은 그들이 사용하는 도구에 관해서 이러한 비교를 할 수 없을 정도로 잘 알고 있는 것이다. 또 예를 들면 우리들이 무엇을 사고 대금을 지불하는 경우, 대체 어떤 이치로 돈이란 것으로서—혹은 많이, 혹은 적게—물건을 살 수 있는가 하는 것이다. 감히 말하거니와 이 자리에 있는 여러분들이 경제학의 전문가라고 하더라도 이에 대한 대답은 각자가 모두 다를 것이다.

그러나 미개인은 그날그날의 식량을 얻기 위해서는 어떻게 해야 하는가, 또 이 경우 어떠한 옛 가르침이 유용한가를 알고 있다. 때문에 주지화하고 합리화되어 있다는 것이 반드시 그만큼 많이 자신의 생활조건에 관한 일반적인 지식을 가지고 있다는 것은 아니다.

그것은 다른 것을 의미한다. 즉, 그것을 원하기만 하면 언제나 배워서 알 수 있다는 것, 따라서 거기에는 어떤 신비적인 예측할 수 없는 힘이 작용할 이치가 없다는 것, 오히려 모든 것은—원칙상—예측으로 지배할 수 있다는 것을 알고 있거나, 혹은 믿고 있다는 것이 주지화하고 합리화되어 있다는 의미인 것이다. 그리고 이것은 마술로부터의 세계 해방이란 것이다. 오늘날 우리들은 이미 그러한 신비력을 믿었던 미개인처럼 주술에 호소하여 정령(精靈)을 진압시킨다든가 기도한다든가 할 필요가 없다. 기술과 예측이 그것을 대신하는 것이다. 그리고 이것이 바로 합리화의 의미인 것이다.

그러나 수천 년 이래로 서구문화 속에 계승되어 온 이 몽매로부터의 해방 과정, 즉 학문을 그 성분으로도 삼고, 그 원동력으로도 삼아 온 진보는 과연 실제상 혹은 기술상 무슨 의미를 가지고 있는 것일까? 아마도 여러분들은 이 문제가 레오 톨스토이(Leo Tolstoi)의 작품 속에 가장 근본적으로 취급되고 있는 것을 알고 있을 것이다. 톨스토이는 그의 독특한 방법으로 이 문제에 도달했다. 그의 머리를 괴롭힌 모든 문제는 궁극적으로, 죽음이란 의의 있는 현상인가 아닌가 하는 문제였다. 그래서 그는 이에 대답하기를 문화인에게는 의의 있는 현상이 아니라고 한다.

왜냐하면 무한한 진보의 일단계를 형성하는 데 지나지 않는 문화생활은 그 본질상 종결이라는 것을 가질 수 없기 때문이다. 즉, 문화인의 경우에는 어떤 사람의 전도에도 항상 새로운 진보에의 단계가 가로놓여 있는 것이다. 어떠한 사람이라도 죽기 이전에 무한한 높이에까지 다 올라가 버릴 수는 없는 것이다. 아브라함(Abraham)[10] 이라든가 또는 일반적으로 고대의 농부들은 모두 유기적으로 완결된 인생을 보냈기 때문에, 또한 그들의 만년(晩年)에 있는 인생이 그들에게 가져다 준 것의 의의를 전부 남김없이 알아 버렸기 때문에, 마지막에 가서는 벌써 그들이 해명할 어떠한 인생의 수수께끼도 없고, 따라서 삶의 권태를 맛볼 수 있었기 때문에, 나이가 차서 삶에 대해 포만(飽滿)을 음미하면서 죽었던 것이다.

그런데 문화인은 그 사상에서, 그 지식에서, 또 그 문제에서, 복잡하고 풍부해지면 질수록 삶을 싫어할 수는 있어도 삶에 포만을 느낄 수는 없게 되는 것이다. 왜냐하면 그들은 문화생활이 차례로 만들어 내는 매우 작은 부분만을—더욱이 그것도 근본적인 것이 아니고 단순히 일시적인 것만—그때그때 재빨리 잡는 데 지나지 않으며, 따라서 그들에게 죽음은 전혀 무의미한 사건에 지나지 않기 때문이다. 또한 그것이 무의미한 사건인 까닭에 그 무의미한 진보성으로 인해 죽음까지도 무의미하게 되는 문화생활, 그 자체까지도 또한 무의미하게 되지 않을 수 없는 것이다. 이러한 사상은 톨스토이 작품의 기조를 이루는 것으로 그의 후기 소설 도처에서 찾아볼 수 있다.

사람들은 이와 같은 사상을 어떻게 생각할 것인가. 진보는 그 자체로 확실히 기술적인 의미 이상의 의미를 가질 것인가, 또는 이에 의해서 진보에의 봉사는 직업으로 하여금 의의가 있게 할 것인가. 이것은 제기될 만한 것이다. 그러나 여기서는 문제가 벌써 단순히 학문에 대한 직업 문제가 아니다. 따라서 직업으로서의 학문은 이에 전심하는 사람에 대해 무엇을 의미하는가 하는 것이 아니라 오히려 인간생활 일반에 대한 학문의 사명이 어떠한 것인가의 문제이며, 또 그 가치가 어떤 것인가의 문제이다.

이 점에 관해서 과거와 현재는 사고방법이 매우 달라졌다. 예를 들어 여러분은 저 플라톤의 ≪이상 국가론≫[11]

제7편 첫머리에 있는 이상한 비유를 상기하기 바란다. 거기에는 동굴 속의 쇠사슬에 묶여 있는 사람들에 관하여 기술되어 있다. 그들은 그들 앞에 있는 암벽 쪽을 향하여 있고, 그들 배후에서는 밝은 빛이 비치고 있다. 그러나 그들은 이 밝은 빛을 볼 수 없고, 다만 그들 앞의 암벽에 비치는 여러 가지의 그림자만을 마주하고 그 관계를 해명하려고 애쓰고 있다.

이러한 상태는 그들 중의 한 사람이 자기 쇠사슬을 단절할 때까지 계속된다. 그는 쇠사슬을 단절하고 되돌아서서 그 밝은 빛, 즉 태양을 보게 된다. 그 찬란함에 눈이 부셔 그 근방을 손으로 더듬어 그가 알아본 것을 더듬거리면서 말한다. 그러나 다른 사람들은 모두 그의 이론이 틀렸다고 말한다. 그러나 차츰 그가 이 밝은 빛을 제대로 볼 수 있게 되고 그럼으로써 그의 사명이 생긴다. 즉, 그가 동굴 속으로 되돌아가서 다른 사람들 눈을 밝은 빛 쪽으로 향하게 하는 것이 바로 그것이다. 그는 철학자에 해당되고 태양이란 학문의 진리를 말한다.

오직 학문만이 환영이 아닌 진실재(眞實在)임을 포착하려 한 것이다. 그런데 과연 오늘날 몇 사람이나 학문을 이렇게 생각하고 있을까?

오늘날 특히 젊은이들의 학문에 대한 사고방법은 벌써부터 이와 전혀 반대되는 것으로 나타나 있다. 즉, 학문이 이룩하는 사상세계는 인위적인 추상으로 성립되는 환상적 세계이며, 이 인위적인 추상은 그 마른 손으로 실생활의 피와 윤기를 빼앗아 가려고 하지만, 마침내 이를 이루지 못한다는 것이다. 그런데 이 실생활 속에는—플라톤의 그 동굴의 암벽에 춤추는 영상 속에는—참다운 실재가 맥박치고 있다는 것이다. 다른 것은 모두 여기에서 파생된 것이거나, 단순한 환영에 불과한 것이라고 그들은 생각한다. 그러면 그러한 변화는 어떠한 과정을 통해 일어나는가?

≪이상 국가론≫에서 플라톤의 감격은 요컨대 당시 학문적 인식 일반에 통용될 어떤 중요한 수단의 의의를 지각할 수 있었다는 점에 입각한다. 그 수단이란, 즉 개념을 말하는 것이다. 이것의 효과는 벌써 소크라테스[12]에 의해 발견되어 있었다. 물론 그것을 알고 있었던 사람은 그뿐만이 아니었다. 인도에서도 아리스토텔레스[13]의 이론과 흡사한 논리학의 맹아(萌芽)가 발견되고 있기 때문이다.

그러나 여기서 말하는 의미의 자각은 소크라테스를 효시로 한다. 그에게서 비로소 논리의 만력(萬力)을 가지고 사람을 억제하는 수단이 밝혀진 것이다. 즉, 한번 이것에 잡히면 누구든 그로부터 탈출하기 위해서는 자신의 무지를 승인하거나 그렇지 않으면 거기 나타난 진리를 가지고 유일한 것으로 인정하지 않을 수 없다. 영원한 진리는 그와 같이 해서 이루어진다.

그것은 진리에 맹목적인 사람들의 행동과 같이 시간의 경과에 따라 달라져야 하는 것은 아니다. 소크라테스의 제자들에게는 이것이 정말 위대한 체험이었다. 그래서 이것으로부터 만약 미(美)라든지, 선(善)이라든지, 또 용기라든지, 영혼이라든지―어떠한 것이든―그것에 관한 올바른 개념을 찾아내기만 한다면, 동시에 그 진정한 실재도 또한 포착할 수 있다고 생각되었던 것이다. 더욱이 이것은 다른 편, 특히 공민(公民)으로서의 생활에 있어 올바르게 행동하기 위해서는 어떻게 해야 할 것인가를 알고 또한 가르치는 방법을 알려 주는 것으로 생각되었던 것이다. 왜냐하면 철두철미하게 정치적인, 즉 도시국가적으로 사고하는 그리스인들은 모든 것이 이 문제로 귀착했기 때문이다. 그들이 학문에 힘쓴 것도 이 때문이다.

그런데 그리스인의 정신적인 발견과 더불어 문예부흥의 산물로서 나타난 학문연구의 제2의 수단은 합리적 실험이었다. 즉, 경험을 확증하기 위한 수단이며, 이것 없이는 아마 오늘날의 경험과학은 성립할 수 없었을 것이다. 물론 실험은 그 이전에도 있었다. 예를 들면 생리학적 의미에서는 인도 유가(瑜伽)[14]의 금욕술에 관한 것, 또 수학적으로는 그리스 시대의 전술 혹은 중세의 광산 채굴과 같은 것에 이것이 사용되고 있었다. 그러나 실험을 연구의 원리에까지 높인 것은 문예부흥의 업적이다. 당시의 개척자들, 특히 예를 들면 레오나르도(Leonardo)[15]와 같은, 그리고 그 중에서도 당시의 실험의 특징을 잘 보여 주는 것으로, 저 시험적 피아노를 사용한 16세기 음악 연구가들을 육성하기도 했다.

실험은 이들로부터 주로 갈릴레이(Galilei)[16]의 손을 거쳐 학문 영역에 도입되고, 또 베이컨(Bacon)[17]에 의해 이론화되었다. 그 다음 이것이 대륙, 특히 최초에는 이탈리아 및 네덜란드 여러 대학에서의 정밀과학 관계의 여러 학과에 계승되었다.

그러면 학문은 이들 근세 초기의 선구자에게는 무엇을 의미했는가? 레오나르도와 같은 예술상의 실험가와 또 음악상의 개혁가들에게 그것은 진정한 예술에 도달하는 길을 의미했다. 그리고 이 길은 그들에게는 동시에 진정한 자연에 도달하기 위한 길을 의미한다. 그들에게는 예술이 학문의 지위에까지 높여져야 할 것이었다. 즉, 예술가는 사회적으로 또한 그 생활의 의미에서 독토르(Doktor)[18]의 지위에 높여져야 할 것이었다.

이것은 예를 들면, 레오나르도의 수기를 쓰게 한 근거는 명예심이라는 것이다. 그런데 오늘날은 어떤가.

학문이 진정한 자연에 도달하기 위한 길이라고 말한다면, 오늘날의 젊은이들에게는 자연을 모독하는 말로 들릴 것이다. 즉, 그들은 다음과 같이 생각할 것이다―아니 자기 자신의 자연, 따라서 자연 일반으로 되돌아가기 위해서는 오히려 학문의 주지주의를 벗어나지 않으면 안 된다. 더구나 학문은 진정한 예술에 도달하기 위한 길이라고 하는 것은 두말할 나위도 없이 부정할 것이다. 그러나 정밀 자연과학의 성립 당시의 학문은 다시 이 이상의 것까지 기대되었던 것이다.

이 점에 관해서 여러분들은 스밤메르담(Swammerdam)[19]의 말을 상기하기 바란다. 그는 말하기를, "나는 여기에 한 마리의 이를 해부하여 여러분에게 하느님의 섭리를 증명하겠다."라고. 이 말에서 여러분들은 당시 신교 및 청교도의 영향을 받고 있던 학문 연구가 무엇을 그 고유의 과제로 삼았는가를 알 수 있을 것이다.

그것은 신(神)에의 길이었다. 당시의 사람들은 벌써 철학자와 또 그 개념 및 연역 같은 것을 매개로 하여 이 길을 발견한 것은 아니다. 신을 찾아내기 위하여 철학자를 매개로 하는 방법은 중세의 것이었다. 이것으로는 결국 신을 발견할 수 없다는 것을, 당시의 경건파 신학자는 모두 알고 있었다. 그 중에도 스페너(Spener)[20]와 같은 사람이 그러했다. 즉, 신은 숨겨져 있는 것이며,

신의 길은 우리들의 길이 아니고, 신의 사상은 우리들의 사상이 아니다.

그러나 신이 하는 일을 물리적으로 포착할 수 있는 정밀 자연과학에 있어서는, 사람들은 세계에 대한 신의(神意)가 어떤 것인가를 추적할 수 있다고 믿었던 것이다. 그러나 오늘날은 어떤가?

자연과학자 가운데 흔히 있는 엉뚱한 사람들은 별문제로 하고, 현재 아직도 천문학이나 생리학이나 또한 물리학, 화학 등의 인식이 어떤 세계의 의미와 같은 것을 우리들에게 가르쳐 준다고 믿고 있는 사람이 있을 것인가. 이뿐만 아니라, 설령 그와 같은 의미가 사실 존재하고 있다 하더라도 오늘날은 이들의 인식에 의해서 이것을 해결하는 방법을 배울 수 있다고 믿는 사람은 아마 없을 것이다.

만약 이들 학문이 이 점에 유용한 무엇이 있다면, 그것은 이 세계의 의미라고 하는 것과 같은 것의 존재에 관한 신앙을 근본적으로 제거해 버리는 것이어야 한다.

하물며 학문이라는 이 특별한 신과는 인연이 먼 것을 가지고 신에의 길이라고 간주하는 것과 같은 생각은 당연히 제기되어야 할 것이다. 물론 학문이 그 같은 신과는 무관하다는 것을 오늘날—그것이라고 확실히 인정한 것은 아닐지라도—어쨌든 마음속으로는 아무도 이것을 의심치 않는다.

사실 학문의 합리주의 및 주지주의를 벗어나는 것, 그 자체가 신과 더불어 살려는 자의 근본 전제라는 것이며, 이것과 유사하다는 것은 오늘날 일반적으로 종교적 경향을 가진 청년과 종교적 체험을 추구하는 청년의 공오(共鳴)의 기조를 형성하는 것으로써 우리들이 언제나 듣게 되는 바이다.

더구나 이는 유독 종교적 체험을 추구하는 사람에 한한 것은 아니며, 일반적으로 체험을 추구하는 사람은 모두 이와 같이 말하는 것이다. 다만 기이한 것은 이와 같은 사람들이 취하는 방법인 것이다. 그들은 종래의 합리주의가 아직 취급한 일이 없는 유일의 것, 즉 이 체험이라고 하는 비합리적인 것의 영역을 합리적 의식에까지 높여서 이것을 세밀하게 음미하는 것이다. 현대의 비합리적인 것의 합리적 낭만주의는 필경 이와 같은 모순에 빠지게 된다.

사실 이와 같은 합리주의로부터의 이탈을 지향하는 시도는, 사실에 있어서는 이것을 시도하는 사람들이 생각하고 있는 것과는 전혀 반대의 결과를 가져오는 것이다―끝으로 즐거운 낙천주의에서 학문, 즉 이 경우에는 학문에 의한 처세법을 행복에의 길이라고 생각하여 찬미하는 사람들―그와 같은 사람들은 이른바 '행복을 찾아낸 최후의 사람들'[21]에 대한 니체(Nietzsche)[22]의 부정적 비판을 본받아 전혀 이것을 도외시하여도 괜찮을 것이다. 그리고 또 이같이 생각하는 사람이 현재 존재할 것인가? 아마 교단에서나 편집실 속에서는 아직도 가끔 발견할 수 있는, 소수의 엉뚱한 사람들을 제외하고는 아마 없을 것이다.

이전으로 되돌아가 보자. 이상과 같은 학문의 내적 제 전제(諸前提), 즉 진정한 실재에의 길, 진정한 예술에의 길, 진정한 자연에의 길, 진정한 신에의 길, 또 진정한 행복에의 길 등이 모두 종래의 환상으로 없어져 버린 오늘날, 학문의 사명이란 도대체 무엇을 의미하는가. 이에 대한 가장 확실한 대답은 저 톨스토이에 의해 이루어져 있다. 그는 다음과 같이 말한다.

즉, '그것은 무의미한 존재이다. 왜냐하면 우리들에게 가장 중요한 문제로 우리들이 무엇을 할 것인가, 어떻게 살아야 하는가에 대하여 아무런 대답이 있을 수 없기 때문이다'라고. 학문이 이 점에 관해서 대답하지 않는 것은 그 자체로써 논의할 여지가 없다는 사실이다. 문제는 그것이 어떠한 의미에서 아무런 대답이 있을 수 없느냐, 또 그것이 이에 대답하는 대신에 올바른 질문을 하는 사람에게 무슨 다른 것으로 공헌하는 것이 없는가 하는 것이다. 그런데 최근 사람들은 전제 없는 학문이라는 말을 한다. 그러나 그런 것이 존재할 것인가. 이 경우 문제가 되는 것은 여기서 말하는 전제가 무엇을 의미하는가이다.

물론 논리학과 방법론상의 제 규칙의 타당성, 즉 우리들이 세계에 관하여 알고 있는 일반적 제 원칙이 가지는 타당성은, 모든 학문적 연구에 있어서 언제나 전제가 되어 있다.

그러나 이런 전제는 적어도 우리가 당면한 문제에 대해서는 아무런 논의를 요하지 않는다. 그런데 일반적으로 학문적 연구는 다시 다음과 같은 것도 전제한다. 즉, 거기에서 나오는 결과는 '알 가치가 있다는 의미에서 중요한 것이다'라고 하는 전제이다. 그래서 명백히 이 전제 속에 우리들의 모든 문제가 포함되어 있는 것이다. 사실 어떠한 연구의 결과가 중요한 것인가 하는 것은 학문상의 수단으로서는 논증할 수 없는 것이다. 그것은 다만 사람들이 각자 그 생활상의 궁극적 입장으로부터 이 결과의 궁극적 의미를 거부하는가 혹은 승인하는가에 의해서 해석될 뿐이다.

그러나 더 나아가 학문의 구조에 따라 이들 전제에 대한 관계도 역시 달라진다.

물리학, 화학 그리고 천문학과 같은 자연과학은 그 구성할 수 있는 최후의 우주적 제 법칙을 당연히 알아 둘 가치가 있어야 한다는 것을 전제로 한다. 그러나 여기서 알아 둘 가치라고 하는 것은, 이들 법칙에 의하여 어떠한 기술상의 목적을 달성할 수 있다는 것이 아니고, 오히려―이들 학문을 가지고 자기의 천직으로 삼는 이상―학문 그 자체를 위해서 알 가치가 있다는 의미인 것이다. 그것이 과연 알아 둘 가치가 있느냐 없느냐는 이들 학문 스스로가 논증할 일이 아니다.

하물며 이들 학문을 대상으로 하는 세계가 대체로 존재할 가치가 있느냐 없느냐 하는 것, 역시 이 세계가 과연 그 무엇인가 의미가 있느냐 없느냐 하는, 더 나아가 이 세계에 산다는 것이 의미 있는 일인가 아닌가 하는 이러한 점은 본래 문제가 되지 않는다. 이를테면 학문적으로 현저히 발달한, 즉 최근의 의학을 보자.

의학의 근본적인 전제는 대개 생명 그 자체를 보존하는 것과 단순히 고통 그 자체를 가능한 한 경감하는 것을 스스로의 사명이라고 생각하고 있다.

그러나 이것이 문제이다. 가령 의사가, 중태에 빠진 환자가 오히려 죽기를 원하는 경우에, 또한 그의 측근자들이―그가 살아 있어도 별로 소용없다는 이유로―죽음으로써 그 고통을 덜어 준다는 것에 동의할 경우, 또 환자가 가난하거나 미쳤을 경우, 그의 측근자들은 그가 살아 있어도 별다른 소용이 없어 그를 돕기 위하여 많은 비용을 내놓을 수 없다는 이유로 그의 죽음을—비록 환자를 위한다는 관점에서라고 하더라도—부득이 원치 않을 수 없게 된 경우에도 전력을 다하여 그의 생명을 구해 내려고 노력하는 것이다. 오직 의학의 전제와 형법(形法)이 이들의 원망을 듣지 못하게끔 하는 것이다. 그러나 생명을 보존하는 것이 가치가 있는가 없는가 그리고 어떤 경우에 그러한 것인가는, 의학에서 문제될 성질의 것이 아니다.

일반적으로 자연과학이 만약 인생을 기술적으로 지배하려고 한다면, 우리는 어떻게 할 것인가 하는 물음에 대하여 우리에게 대답해 준다. 그러나 그것이 기술적으로 지배되어야 하는가, 그렇지 않은가. 또 사실에 있어서 그것을 우리들이 원하느냐 원하지 않느냐, 또한 더 나아가 그렇게 하는 것이 어떤 특별한 의의가 있느냐 없느냐 하는 것에 관해서는 아무런 해결도 주지 않는다. 어떤 의미에서는 오히려 이것을 그 목적으로써 전제하는 것이다. 또 미학(美學)과 같은 학과를 예로 들어 보자.

미학은 예술품이 존재한다는 사실을 전제한다. 그리고 어떤 조건하에 예술품이 성립하는가를 이론화하려고 한다. 그러나 미학에서 예술의 나라는 악마의 영광의 나라[23]이며, 또 피안(彼岸)의 나라가 아닌가 하고 말한다. 따라서 그 가장 깊은 내부에 있어서는 신에 반대하는 것이며, 또 그 내부의 귀족주의적 정신에 있어서는 인간애에 배반하는 것이 아닌가 하는 문제는 제기하지 않는다. 즉, 그것은 예술품이 존재해야 하느냐의 문제는 불문에 부친다.

법률학을 예로 들자. 법률학은 매우 논리적이며, 동시에 또 관습적으로 틀에 박힌 법률학적 사유 원칙(思惟原則)에 의거함으로써 타당한 것만을 확정한다. 즉, 법규 및 그 해석상의 어떤 방법이 어떤 경우에 유효하다고 인정될 것인가를 확정한다. 그러나 법률은 있어야 할 것인가 아닌가 하는 문제라든가, 어떤 규칙의 설정은 지당한 것인가 아닌가 따위의 문제에 대해서는 아무것도 답변하지 않는다.

법률학이 우리들에게 가르쳐 줄 수 있는 유일한 일은, 이를테면 우리들이 어떠한 효과를 거두려고 했을 때, 법률학적 사유의 원칙상 어떤 법규에 의거하는 것이 그 효과를 나타내는 데 적당하느냐 하는 것뿐이다. 또 역사적 문화과학의 경우를 생각해 보자. 그것은 여러 가지 문화현상, 예를 들면 정치상이나 문화상, 또한 사회상의 그것을 그 발생의 여러 조건과 결부시켜 이해하도록 가르쳐 준다. 그러나 이들 문화현상이 존재할 가치가 있었던가 또는 있는가 하는 질문에 대하여, 또 이들 문화현상을 알기 위하여 노력할 가치가 과연 어느 정도인가에 대해서 자기 입장에서는 아무런 답변도 없다. 다만 그것은 지금 말한 바와 같은 방법으로 여러 시대의 문화인의 사회생활에 참여한다는 것이 흥미 있는 일이라는 것만을 전제로 한다.

그러나 그것이 사실 흥미가 있느냐 없느냐 하는 것은, 학문적으로는 누구에게도 논증할 수 없으며, 또한 이 과학이 이것을 전제로 한다는 것도, 이것이 자명한 일이라는 증명이 되지는 않는다. 사실 그것은 자명한 일은 못 되는 것이다.

그러나 여기서는 먼저 나와 가장 관계 깊은 여러 학과, 따라서 사회학·역사학·경제학 및 국가학과 이들 여러 학과의 이론화를 과제로 하는 여러 문화철학에 한정해서 논하기로 한다. 보통 정치는 교실에서 취급될 성질의 것은 못 된다고 한다. 그리고 나도 이에 대하여 찬성한다. 정치는 학생들의 입장에서 말하더라도 교실에서 취급될 성질의 것이 아니다.

예를 들면 베를린 대학의 옛날 나의 동료인 디트리히 셰퍼(Dietrich Schäfer) 교수의 강의에서 평화주의 학생들이 교단을 에워싸고 무슨 소동을 벌인 일이 있었다. 또 푈스터(Förster) 교수에 대해서는 반평화주의 학생들이 같은 소동을 일으켰던 모양이다. 나는 푈스터 교수와는 많은 점에서 전혀 의견을 달리한다고 생각하지만, 어느 경우를 보아도 똑같이 유감으로 생각한다. 그러나 정치는 가르치는 사람의 편에서 말하더라도 교실에서 취급될 성질의 것이 아니다.

특히, 학문적인 면에서 정치를 취급하는 경우도 마찬가지이다. 왜냐하면 실천적·정책적으로 일정한 입장을 취하는 것과 정치의 구성과 정당의 입장을 학문적으로 분석하는 것과는 별개의 일이기 때문이다.

물론 일반 민중의 정치적 집회 등에서 민주주의에 관해서 이야기할 경우에는 자신의 개인적 입장을 숨기지 않는 것이 보통이다. 아니 명백한 당파적 태도야말로 그와 같은 경우, 없어서는 안 될 의무이며 책임이다. 그러나 이러한 경우에 사용되는 말은 결코 학문상 분석할 때 쓰이는 말이 아니고 사람들을 같은 당파적 입장에 끌어들이려는 정책적 수단이다. 말하자면 정관적(靜觀的) 사유(思惟)의 토지를 경작하는 보습이 아니고 반대파의 사람들에 대한 칼, 즉 무기인 것이다. 이에 반하여 만약 강의중에 교실에서 이와 같은 종류의 말을 사용한다면 그것은 용납할 수 없는 남용일 것이다.

예를 들어, 교실에서 민주주의에 관해서 말할 경우, 먼저 그 여러 가지 형태를 들고 그 각각의 기능이 서로 어떻게 다른가를 분석하고, 또 사회생활에 있어서 어떤 영향을 끼치는가를 확정하고, 다음에 민주주의를 택하지 않는 다른 정치적 질서를 이것과 비교하여 청중이 민주주의에 관해서 각기 그 궁극적 이상에서 자기의 입장을 정립하기 위한 근거를 발견해야 한다.

이러한 경우 참된 교육자는 교단에서 청중에게 그 어떤 입장—노골적이든 암시적이든—을 강요하는 일이 없도록 주의할 일이다. 왜냐하면 '사실로 하여금 말하게 한다'라는 견지에서 그렇게 한다는 것은 말할 것도 없이 가장 불성실한 태도이기 때문이다.

그렇다면 대체 무엇 때문에 그와 같은 태도를 취해서는 안 되는 것일까. 먼저 말해 두지만 나의 동료로서 존경받는 사람들 중에서도 이러한 자제는 일반적으로 행하기 곤란한 일이며, 어떤 경우에 그렇게 할 수 있다고 하더라도 다만 일시적으로 그렇게 할 심적 상태가 되는 데 불과할 것이라고 하는 의견을 가진 사람이 많다. 아무튼 대학에서 교편을 잡는 사람의 의무란 무엇인가 하는 것을 학문적으로는 아무도 명시할 수 없다. 그에게 바랄 수 있는 것은 다만 지적(知的) 공정(公正)이 있을 뿐이다.

사실의 확정, 즉 수학적 내지 논리적인 사태 또는 여러 문화재의 내부구조 여하에 관한 사실의 확정과, 문화 일반 및 개별적인 문화적 내용 가치에 대한 문제 또는 문화사회 및 정치적 단체 속에서 어떻게 행동할 것인가에 대한 해답—이 양자는 전혀 이질적인 문제란 것을 잘 분별하고 있다는 것 등을 말하는 것이다. 이렇게 말하면 사람들은 또다시 의문을 가질지 모른다. 어찌해서 교실에서는 이 양자를 같이 취급해서는 안 되느냐 하고 말이다. 그러면 다음과 같이 대답하지 않으면 안 된다. 즉, 예언자와 선동가는 교실의 연단에 설 사람이 못 된다. 예언자와 선동가에게는 보통 '가두(假頭)에 나가서 공중(公衆)에게 연설하라' 하고 말하게 된다.

왜냐하면 거기에서는 비판이 가능하기 때문이다. 이에 반해서 자신의 비판자가 아니라 자신의 경청자가 있는 교실에서는, 예언자와 선동가로서의 자기는 침묵하고, 교육자로서의 자신이 말하는 것이라야 한다.

만약 교육자가 그와 같은 사정, 즉 학생들이 규정된 과정을 마치기 위해서는 그의 강의에 출석하지 않으면 안 된다는 것과 또 교실에서는 비판자의 눈으로 그를 대하는 사람이 아무도 없다는 것을 이용하여, 교육자의 사명은 자기의 지식과 학문상의 경험을 청중에게 유용케 하는 것인데, 자신의 정치적 견해에 그들을 끌어들이려고 한다면 나는 이를 무책임한 짓이라고 생각한다. 물론 사람에 따라서는 자기의 주관적인 감정을 전적으로 억제할 수 없는 경우가 있을 수 있다. 그와 같은 경우에는 자신의 양심의 판단에 비추어 가장 엄격한 자아비판을 행하는 것이다.

여기서 그러한 경우가 있을 수 있다는 것은, 교육자로서 할 일을 하지 않아도 좋다는 것에 대한 어떠한 증명은 될 수 없다. 이것은 마치 실제에 있어서 여러 가지 착오가 있을 수 있다는 것이 진리 탐구의 의무를 게을리해도 좋다는 것을 증명하는 말은 아닌 것과 같다. 그리고 또한 학문 자체를 위해서도 나는 이와 같은 것을 거부한다.

나는 학문의 역사에 비추어 자신의 주관적인 가치판단에서 학문을 추구하고자 하는 사람이 출현하는 곳에서는, 언제나 사실의 진정한 인식이 중지하게 된다는 것을 증명하고자 한다. 그러나 그것은 오늘밤의 제목의 범위를 넘게 되며 또한 긴 설명이 필요하다.

그래서 여기에서는 다만 다음과 같은 경우만을 문제로 한다. 이를테면 여기에 한 사람의 경건한 카톨릭 교도와 한 사람의 비밀결사 단원이 어떤 교회 및 국가 형태 또는 종교사(宗敎史)에 관한 동일한 강의에 출석했다고 하자. 이와 같은 경우, 이 두 사람이 거기에서 강의하고 있는 것에 대해 같은 평가를 하는 일이 있을 수 있는가. 물론 그런 일은 있을 수 없다. 그럼에도 불구하고 대학에서 교편을 잡는 사람으로서는 이들 두 사람이

다같이 자신의 지식 및 방법이 그들에게 유용하게 되기를 바라며, 또 그와 같이 노력하지 않으면 안 된다.

그런데 경건한 카톨릭 교도는 기독교 성립 당시의 사실에 관해서도 카톨릭 교의상(敎義上)의 제 전제의 제약을 받지 않는 교육자 설(說)에는 결코 설복되지 않는다고 여러분들은 말할 것이다. 그것은 사실이다. 그러나 여기에서 다른 점은 종교상의 제약을 거부한다는 의미에서 전제 없는 학문은 사실상 '기적'이라든가 '계시'라든가에 관하여는 사실상 아무것도 모른다는 것이다. 만일 이런 것을 문제삼는다면 학문은 자기의 전제에 불충실하게 될 것이다. 그런데 신자는 이 양자를 둘 다 알고 있다.

그러나 전제 없는 학문은 그에게 다음과 같은 점에 관해서는—그러나 또한 이 점에 한한 것이지만—승인을 요구할 수 있다. 만일 기독교 발생 당시의 일이 그와 같은 초자연적인 것을 빌리지 않고, 즉 경험적 설명을 위하여 인과적인 여러 가지 요소에서 제외되어야 할 요소를 빌리지 않고 설명되어야 한다면, 그것은 전제 없는 학문이 시도하는 바와 같이 설명되지 않으면 안 된다는 것이다. 그리고 그는 그 신앙에 반하지 않고 이 점을 승인할 수 있을 것이다.

그러면 학문은 사실 그 자체에는 흥미를 갖지 않고,

다만 실천적으로 입장을 결정하는 것만을 중요시하는 사람에게는 전혀 무의미한 것일까. 아마 그렇지는 않을 것이다. 첫째로 다음과 같은 것을 생각할 수 있다. 즉, 적어도 유능한 교육자인 이상 그 첫번째의 임무로 할 것은 그의 제자들의 불유쾌한 사실, 예를 들면 자기의 당파적 의견을 위하여 불유쾌한 사실 같은 것을 승인하도록 교육시키는 것이다. 그리고 누구든지—예컨대 나에게도—이러한 당파적 의견을 위하여 매우 불유쾌한 경험이 있었던 것이다.

만약 대학에서 교편을 잡은 사람이 그 청강생들을 지도하여 이러한 습관을 갖게 한다면, 그때 그는 단순한 지육상(智育上)의 공적 이상의 것을 성취한 것이라고 믿는다. 나는 그러한 공적을 감히 '덕육상(德育上)의 공적'이란 말로 표현하겠다. 물론 그것은 교육자로서 매우 당연한 일인고로 이렇게까지 말한다는 것은 약간 지나친 느낌조차 있다.

지금까지 나는 개인적 입장을 다른 사람에게 강요하는 일에 관하여 오로지 실제적 이유에서 회피할 것을 말하여 왔다. 그러나 이것을 회피해야 할 이유는 이것뿐만이 아닌 것이다. 실제적 입장을 학문적으로 대표하는 것이 불가능하다는 것은—객관적으로 부여된 것으로서, 전제된 목적을 위한 수단을 논하는 경우는 제외하고―훨씬 더 깊은 이유에 의한 것이다.

왜냐하면 오늘날 세계의 여러 가지 가치 질서는 서로 해결할 수 없는 분쟁 속에 있으며, 이 때문에 개개의 입장을 각각 학문상 대표한다는 것은 그 자체 의미가 없기 때문이다.

연로한 밀(Mill)[24]은 이렇게 말한 적이 있다.

"만일 순수한 경험에서 출발한다면 사람들은 다신론(多神論)에 도달할 것이다."라고. 밀의 철학을 다른 점에서는 별로 높이 평가하지 않지만, 나는 이 점에 있어서 공감하는 바가 크다고 생각한다. 전술한 그의 말은 너무나 평범하고 역설적으로 들릴 것이다. 그러나 또한 그것은 진리를 말하고 있다. 우리들은 오늘날 다시 이와 같은 인식에 도달하고 있다.

어떤 것은 아름답지 않더라도 신성할 수 있을 뿐만 아니라, 오히려 그것이 아름답지 않기 때문에 더욱 신성할 수 있는 것이다. 이 사실의 증거는 〈이사야서〉 제53장 및 〈시편〉 제21편에서 찾을 수 있다. 또 어떤 것은 선(善)은 아니지만 아름다울 수 있을 뿐만 아니라 오히려 그것이 선이 아니라고 하는, 바로 그 점이 아름다울 수 있다. 이것은 니체 이래 다시 인식되고 있으며, 또 벌써 보들레르(Baudelaire)[25]의 시집 ≪악의 꽃≫에서도 나타나고 있다.

더구나 아름답지도 않고, 신성하지도 않고, 또 선량하지 않은데도 참될 수 있다는 것, 아니 참될 수 있는 것은 그것이 아름답지도 않고, 신성하지도 않고, 선량하지도 않은 까닭이라는 것, 이는 오늘날 우리들의 상식에 속한다.

그러나 이것은 이러한 여러 가지 가치 질서의 제 신(神)의 투쟁 중에서도 가장 단순한 경우에 지나지 않는다. 프랑스의 문화와 독일의 문화를 비교해서 학문상 그 가치의 우열을 결정하려는 경우, 어떻게 할 것인지 나는 모른다. 이 점에서도 제 신(神)은 서로 다투고 있는 것이며, 더구나 그것은 영원히 그러한 것이다.

아직도 세계가 신과 악마의 지배를 벗어나지 못한 고대 그리스 시대 사람들은, 아프로디테(Aphroditê)에게, 또는 아폴론에게, 또는 그가 속하는 도시의 수호신에게 각각 공물을 바쳤던 것이다. 이러한 신들을 섬기는 태도는 신화적이지만 내적으로는 진정한 표현이 있다. 그러나 이 표현이 갖는 마력 및 형식을 탈피한 오늘날에도 역시 의미만 다를 뿐, 같은 일이 행해지고 있는 것이다. 그리고 이들 여러 신들을 지배하고 그들의 투쟁을 결말짓는 것은 운명이며 결코 학문이 아니다.

학문상 이해될 수 있는 것은 다만 각자의 질서에 대하여 또는 개개인의 질서에 있어 신에 해당하는 것이 무엇인가 하는 것뿐이다. 교실에서 교육자의 강의도 이 점을 이해시킬 수 있으면 그 임무는 끝나는 것이다. 물론 이 경우, 그 강의 속에 잠겨 있는 중대한 인생 문제가 이것으로 끝난 것은 아니다.

그러나 이 문제에 관해서는 대학의 교단 이외의 다른 세력에 대해 말하는 것이다. 누가 감히 그리스도의 산상승훈(山上垂訓)에 있는 윤리를, 이를테면 '악한 자에 대항하지 말라'와 같은 말이든지 또 '만일 누가 너의 오른뺨을 치거든 왼뺨을 돌려 대라'는 비유를 학문상 반박하려고 시도하는 사람이 있을 것인가. 더구나 이것은 실생활의 입장에서 볼 때는 명백히 비겁한 도덕을 가르치는 것이다.

그런고로 사람들은 이 가르침에 따라서 종교상의 체면을 유지할 것인가, 또는 남자의 체면을 지키기 위해서 이것과는 전혀 다른, 예컨대 '악한 자에게는 대항하라. 그러지 않으면 너는 그 악행의 공범자가 되리라' 하는 가르침에 따르든가, 그 어느 하나를 선택하지 않으면 안 된다. 즉, 각자가 의거하는 궁극적 입장 여하에 따라서, 한편은 악마가 되고 다른 편에서는 신(神)이 된다.

더구나 각자는 그 어느 것이 자신에게 신이 되며 또 그 어느 것이 자신에게 악마가 되는 것인가를 결정하지 않으면 안 된다. 그리고 이것은 우리 생활의 모든 질서에 관해서 말할 수 있는 것이다. 윤리적이고, 절제 있는 생활태도 속에 내재하는 저 위대한 합리주의는 모든 종교적 예언의 공통적인 산물이지만, 이 합리주의는 일찍이 '유일 불가결의 신'을 위해서 그러한 다신교를 그 왕위에서 밀어낸 것이다. 그러나 외면적 및 내면적 생활의 실제에 직면함에 이르러 그것은 기독교의 역사를 통하여 모두가 알고 있는 바와 같이 여러 가지 타협과 완화가 부득이함을 알게 된 것이다. 그러나 오늘날 이것은 벌써 종교상의 상식이 되었다.

종래의 많은 신들은 그 마력을 잃고, 따라서 비인격적인 단순한 힘이 되면서도 그 무덤으로부터 일어나 우리 생활의 지배를 추구하고 또다시 서로 그 영원한 투쟁을 시작하고 있는 것이다. 그러나 현대인에게, 특히 젊은 세대들에게 가장 곤란한 것은 그러한 상태를 견디어 내는 것이다. 저 체험을 추구하는 온갖 노력은 모두 이런 의미의 무력함에서 나오는 것이다. 왜냐하면 무력하다는 것은 시대의 숙명을 정면으로 볼 수 없는 것이기 때문이다.

그러나 우리는 현대 문화의 숙명을 과거보다 훨씬 더 명백히 인식하게 될 것이다. 지금까지는 약 천 년에 걸쳐 기독교 윤리의 위대한 정열에 대한 형식상 혹은 표면상의 절대적인 귀속 때문에 이 숙명을 보는 눈이 현혹된 것이다.

물론 이 문제의 논의는 상당히 길어졌다. 이에 관해서는 벌써 충분히 논했다. 요는 오늘날 일부 청년들이 범한 과오는, 이상과 같은 논의에 대해서 '그렇지만 우리는 문제가 어쨌든 단순한 분석이나 사실의 확정 이외의 어떤 다른 것을 체험하기 위하여 강의에 출석하고 있다'라는 대답을 할 경우—그 강의하는 사람 가운데서 그들 앞에 서 있는 사람이 아닌 다른 사람을 원하고 있다는 것—그들은 교육자가 아니고 지도자를 구하고 있다. 그런데 우리는 오로지 교육자로서 교단에 서는 것이다. 가르치는 것과 지도하는 것은 별개의 것이다. 그리고 그것이 그렇다는 것은 조금만 생각하면 쉽게 알 수 있다.

여기서 여러분들은 또 한 번 미국의 실정에 관해 생각해 봐야 한다. 왜냐하면 미국에서는 이러한 일이 때때로 노골적인 형태로 나타나고 있기 때문이다. 미국 학생들은 우리나라의 학생들과 비교가 되지 않을 만큼 적게 배운다. 그러나 또한 의심할 정도로 많은 시험을 치르지 않으면 안 됨에도 불구하고 그들은 독일 학생들처럼 철저하게 점수에 사로잡혀 있지는 않다.

이것은 미국의 학교생활의 의미가 독일과는 다르기

때문이다. 즉, 합격증서를 관계(官界)의 입장권으로 생각하는 그 관료주의가 여기서는 시작된 지 얼마 되지 않기 때문이다.

미국 청년들은 무엇이든 누구에게든 구애되지 않으며, 그들은 전통과 지위에 대하여도 경의를 표하지 않는다. 그들이 존중하는 것은 다만 그들 자신의 행위뿐이다. 이것을 미국 사람들은 '민주주의'라고 부르고 있다. 가령 그 본질이 이러한 말의 용법에 따라서 얼마나 왜곡되어 있을지 모르지만 어쨌든 그들은 민주주의를 그와 같이 생각하고 있으며, 여기서도 그것이 문제인 것이다. 그들은 그들의 선생을 이렇게 생각하고 있다. 즉, 선생님을 마치 채소 파는 여자 상인이 우리 어머니에게 양배추를 팔 듯이, 그의 지식과 방법을 우리 아버지의 돈과 교환하여 나에게 팔고 있다. 그리고 그 이상은 별로 생각하지 않는다.

물론 이 경우의 교사가, 이를테면 축구선생이었다면 그는 그들에게 그 방면에서의 지도자일 것이다. 그러나 만일 그가 그렇지 않고 또 일반적으로 체육선생이 아니라면 그는 어디까지나 한 사람의 교사이지 그 이외는 아무것도 아닌 것이다. 또 미국의 젊은이들은 그로부터 '세계관'이라든가 그들의 생활의 기준이 될 규칙을 사들일 수 있다고는 조금도 생각지 않는다. 물론 이상에서

논한 형식으로서는 우리들은 그와 같은 사고방법에 찬성할 수 없다.

그러나 이와 같이 극단적으로 표현한 사고방식 속에서도 역시 일면의 진리가 내포되어 있는지 없는지 하는 것에 관해서는 일고의 여지가 있을 것이다.

남녀 학생 여러분! 여러분들은 이와 같이 우리들에게 지도자의 자질을 바라면서 우리들의 강의에 출석한다. 그리고 그때 여러분들은 1백 명의 교사 중 적어도 99명은 인생에 있어서 축구선생은 아니라는 것, 아니 그것뿐만 아니라 대체 어떠한 인생 문제에 관해서도 '지도자'임이 허용돼 있지 않다는 것을 망각하고 있다. 그런데 생각해 보라. 인간의 가치는 무슨 지도자로서의 자질을 갖느냐 못 갖느냐에 따라 결정되는 것은 아니다.

또한 그것은 어떤 사람을 위대한 학자나 대학교수가 되게 하는 자질은 그로 하여금 실제 생활상의, 특히 정치상의 지도자의 자질과는 다른 것이다. 게다가 이 지도자로서의 자질을 갖느냐 못 갖느냐 하는 것은 전적으로 우연에 달려 있는 것이며, 만약 교단에 설 어떤 사람이 이 자질을 발휘하고자 한다면 그것은 잘못된 일이며 매우 우려되는 일이다. 그러나 더욱 우려할 일은 교실에서 지도자인 척하는 것이 일반적으로 대학교수에게 방임되어 있는 경우이다.

사실상 자기 자신을 지도자라고 생각하는 사람일수록 실제에는 그렇지 못한 것이 보통인데, 그것은 교단에 서는 사람으로서는 자신이 실재 지도자인가를 증명할 어떤 가능성도 부여되어 있지 않기 때문이다. 어떤 대학교수가 자신의 천직을 학생들의 조언자가 되는 것이라고 생각하고 더구나 그들의 신뢰를 받고 있을 경우, 물론 그는 그들과 개인적인 접촉에 있어서 힘 자라는 데까지 그들을 위하여 힘쓰는 것이 마땅하다. 다른 편으로 그가 세계관과 당파적 견해의 분쟁에 관계하는 것을 자신의 천직으로 생각한다면, 그는 교실 밖에 나가 인생의 시장(市場)에 있어서 그렇게 하는 것이 좋다.

  신문지상이나, 집회의 모임에서, 또는 자신이 속하는 단체라든가 어디서든지 어쨌든 자신이 좋아하는 곳에서 하는 것이 좋다. 그러나 자기와 견해를 달리할지도 모를 청중이 침묵을 강요당하고 있는 자리에서 자기의 견해를 발표하는 것은 너무 방자한 것이다.

  그러면 마침내 여러분들은 묻게 될 것이다. 그렇다면 대체 학원은 실천적이며 인격적인 생활에 대하여 어떠한 적극적 기여를 하느냐라고. 그래서 우리들은 다시 학문의 사명에 관한 문제로 되돌아간다. 첫째로 고려되어야 할 것은 기술, 즉 실생활에 있어서 어떻게 하면 외계의 사물이라든지 타인의 행동을 예측하여 지배할 수 있는가 하는 것에 관한 지식이다. 그러나 여러분들은 이에 대하여 그것은 미국 학생의 경우라면, 채소 파는 여인의 행동에 지나지 않는다고 말할 것이다. 물론 나도 이에 대해서는 동감이다. 그러면 두 번째 것을 보자. 이것은 벌써 채소 파는 여인이 하는 짓은 아니다.

즉, 사물의 사고방식 및 그렇게 하기 위한 도구와 훈련이 그것이다. 그러나 또 여러분은 틀림없이 이렇게 말할 것이다. 그것은 채소가 아니라, 채소를 입수하기 위한 수단에 불과하다고. 그러면 이것도 문제삼지 말자. 그러나 다행히도 여기에서 학문의 할 일이 다 끝난 것은 아니다. 우리들은 다시 세번째 것에, 특히 명석(明晳)이란 것에 여러분들을 인도할 수 있다.

물론 이 경우 우리들은 이 명석함을 가지고 있다고 가정하고 있다. 그리고 그러한 한 우리들은 여러분에게 다음과 같은 것을 명백히 해줄 수 있다. 즉, 사람들이 항상 문제로 삼는 것은 사물의 가치 여하의 문제인데—여기서는 사실을 간단히 하기 위하여 사회현상의 예를 들어 생각하는 것이 좋겠다—이를테면 여러분들이 이와 같은 문제에 관해서 실제로 어떤 태도를 취했다고 하자. 그런데 만약 여러분들이 그러한 태도를 취했다면 여러분은 그 태도를 실제로 관철하기 위해서는 학문상의 경험에서 어떠한 수단을 사용하지 않으면 안 된다.

그런데 그 수단은 여러분들이 회피하지 않으면 안 된다고 생각하는 것일지도 모른다.

이러한 경우 여러분은 그 목적과 불가피한 수단과의 사이에서 선택을 하지 않으면 안 된다. 목적이 이 수단을 신성하게 하는가 또는 안 하는가. 교육자는 이 선택의 필연성을 여러분들에게 가르칠 수 있다. 그러나 그가 어디까지나 교육자이지 선동가가 될 생각이 없다면 그 이상의 것을 가르칠 수 없다. 또한 그는 여러분들에게, 만일 여러분들이 어떤 목적을 달성하려면 그때는 이러이러한 수반 현상이 따라온다는 것을 설명할 수 있다. 이것도 역시 전과 똑같은 경우다. 그런데 한편으로 이들 모두가 또한 기술자에게도 일어날 수 있는 문제이다.

사실 기술자도 역시 많은 경우에 있어서 손실을 비교적 적게 하고 효과를 크게 한다는 원칙에 따라서 수단을 선택하지 않으면 안 된다. 다만 기술자의 경우에 중요한 것은 언제나 목적이 부여되어 있다는 것이다. 그런데 이것은 마치 궁극적인 문제를 다루려는 한 우리들 교사의 경우에는 일어나지 않는다.

여기에 있어서 우리들은 명석이라고 하는 것을 위해 할 수 있는 학문의 최후의 과업에 당면하는 동시에 이것이 또한 학문이 할 수 있는 것의 한계도 되는 것이다. 즉, 이러한 실제상의 입장은 어떤 궁극적인 세계관에 있어서의 근본 태도—그것은 유일한 또는 여러 가지 태도일 수도 있다—에서 내적 귀결로 자기 기만 없이 그 본래의 의미를 따라 도출되는 것이며, 결코 다른 어떠한 근본적 태도에서 도출될 수 없다는 것을 우리들은 여러분들에게 말할 수 있으며, 또 말하지 않으면 안 된다.

이것을 비유적으로 말하면 다음과 같다. 즉, 당신들이 이 입장을 취할 것을 결심할 때 당신들은 이 신(神)만을 섬기고, 다른 신에게는 모욕을 주는 것이 된다. 왜냐하면 당신들이 자기 자신에 충실한 한 필연적으로 당신들은 의미상 어떤 궁극적인 내적 귀결에 도달하지 않으면 안 되기 때문이다. 학문에 있어서 이런 것은 적어도 원리상 할 수 있다. 철학의 각 분과나 개별 학과에 있어서도 본질적으로 철학적인 각종의 원리적 연구는 모두 이것을 목적으로 하고 있다. 그리고 우리도 또한 우리의 임무를 분별하고 있는 한—이것은 여기서는 당연한 전제이다—각자에게 각각 자기 자신의 행위의 궁극적 의미에 관하여 스스로 책임을 질 것을 강제할 수 있거나, 혹은 적어도 각자에게 그것을 할 수 있도록 도와줄 수 있다.

나로서는, 이것을 각자의 순수한 인격적인 생활에 있어서 그다지 사소한 일이라고 생각하지 않는다. 그리고 만일 교육자가 그것을 할 수 있다면 나는 여기에 있어서도 역시 다음과 같이 말하고자 한다. 그는 도덕적인 힘에 봉사하고 있다. 즉, 명석과 책임감을 부여하는 의무를 완수하고 있다. 어떤 교육자가 그 청중에 대하여 어떤 입장을 강요하든지 또는 암시하는 것을 기피한다는 의미에서, 보다 양심적이라면 그럴수록 그는 더욱 쉽게 이 일을 완수할 수가 있을 것이다.

물론 내가 앞에서 여러분들에게 말한 견해는, 인생이란 그 진상을 파악해 보면, 저 여러 신들의 영원한 투쟁으로만 존립된다는 이 근본적인 사실에 근거를 두고 있다. 문자 그대로 말하면—적어도 우리들 생활의 궁극적인 근거가 있는 입장은 오늘날 모두가 서로 조정하기 어렵고 해결하기 어려울 정도로 투쟁하고 있다는 사실이다.

따라서 우리들은 당연히 이들의 입장이 그 어느 것을 선정하지 않으면 안 되게 되어 있다는 사실 등이다.

이와 같은 사정에 있어서 학문이 어떤 사람의 '천직'이 될 가치가 있느냐 없느냐라는 점, 또 학문 자체가 객관적으로 어떤 가치 있는 사명을 갖느냐의 여부(如否)—이것은 벌써 하나의 가치판단인 것이며, 이 점에 관해서 교실에서는 아무것도 발언할 수 없다. 왜냐하면 가르치는 사람의 입장으로는 이 점을 긍정한다는 것이 그 전제이기 때문이다.

나 자신도 역시 처음부터 나의 일을 통하여 이 점을 긍정하고 있다. 그리고 그 주지주의를 최악의 악마로서 싫어하는 입장—오늘날 젊은이들이 이 입장을 취하고 있거나 자기가 취하고 있다고 스스로 상상하고 있음에 지나지 않지만—에 있어서도 역시 그러하며, 더욱 이러한 입장이기 때문에 특히 그렇다. 왜냐하면 이 입장을 취하는 사람에게는 이른바 '주의하라, 악마는 늙었다. 때문에 악마를 이해하려면 너도 늙지 않으면 안 된다'[26) 하는 말이 꼭 알맞기 때문이다. 이 말은 어느 편이 먼저 출생하였는가를 문제삼는 것이 아니다. 그러지 않고 만일 악마를 처치해 버리고자 한다면, 오늘날 흔히 볼 수 있는 것처럼 이것을 회피하고만 있을 것이 아니라, 도리어 악마의 능력과 한계를 알기 위하여 미리 악마의 수단을 철저히 통찰하지 않으면 안 된다는 것이 이 말의 의미이다.

학문이 오늘날 전문적으로 종사해야 할 '직업'으로서 여러 가지 사실적 관련의 자각 및 인식을 그 역할로 삼고 있다는 것, 따라서 그것은 구제나 계시를 베푸는 점쟁이나 예언자의 은총이라든지 세계의 의미에 관한 현인과 철학자의 명상의 산물이라고 하는 따위가 아니라는 것—이것은 본래 오늘날의 역사적 상황의 불가피한 사실로서 우리들이 자신에 충실하는 한 이것으로부터 벗어난다는 것은 불가능하다. 그리고 만일 여기에 다시 톨스토이가 나타나 질문하기를, '학문이 그것을 할 수 없는 이상 우리들은 무엇을 해야 하며, 또한 우리들은 어떻게 생활해야 하는가'—혹은 오늘 저녁 여기서 사용한 말로 표현한다면 '서로 투쟁하는 여러 신들의 어느 편을 우리는 섬겨야 하는가, 또 그것이 필경 신과는 전혀 다른 것일 경우 대체 그것은 무엇일까'라는 질문에 대답할 사람은 누구인가를 묻는다면, 여러분은 그것은 다만 예언자나 구세주일 뿐이라고 대답해야 할 것이다.

또 거기에 이러한 예언자나 구세주가 없거나 또는 있어도 그 예언이 전혀 믿어지지 않는 경우에도, 여러분들은 그들 수천 명의 교수들이 국가로부터 급료를 받고 특권을 부여받은 소예언자(小豫言者)로서, 교실에서 예언자의 역할을 하도록 무리하게 지상에 범람하게 할 수는 없다.

이러한 소예언자들이 하는 일이란, 오늘날 많은 세대들이 갈망하고 있는 예언자가 마침 거기에 없다는 이 결정적 사실에 관한 지식으로 하여금, 그 충분한 의의를 발휘하게 하지 않는다는 것이다. 만일 지극히 종교적인 감수성이 강한 사람을 위하여 그가 지금 신도 없고 예언자도 없는 시대에 생활하도록 운명지워졌다는 근본적인 사실을 은폐하였다 하더라도, 그것은 그의 내적 요구에 대하여 아무런 도움도 주지 못할 것이라고 나는 믿는다.

오히려 그 종교적 감정의 성실성으로 인하여 그는 그와 같은 대용물에 의한 은폐를 거부할 것이다. 그러나 이렇게 말하면 여러분들은 '신학(神學)'이라는 것이 존재하는 사실을, 또한 그것을 학문화하려는 요구가 존재한다는 사실을, 어떻게 생각해야 하느냐고 질문하려 할 것이다. 물론 나는 이에 대한 답변을 회피할 생각은 없다.

신학이나 교의(敎義)는 세계 도처에 있는 것은 아니지만 그렇다고 기독교에만 있는 것도 아니다. 옛날을 생각해 보면 대단히 발전된 '신학'과 '교의'가 이슬람교에도, 마니교(Manichäismus)[27]에도, 그노시스교 (Gnosis)에도, 올픽교(Orpik)에도, 배화교에도, 불교에도, 인도교의 여러 종파에도, 도교에도, 우파니샤드(Upanischaden)에도, 또 유태교에서도 발견된다. 다만 확실히 그 조직의 정도에 있어서는 이들 모두 서로 대단한 차이가 있다.

그리고 서양에 있어서 기독교의 신학이―이를테면 유태교로서 신학에 해당되는 것과 비교할 때―한층 조직적으로 구성되어 있거나 또는 이것을 향하여 노력하고 있을 뿐만 아니라, 서양에서는 그의 발전이 언제나 커다란 역사적 의의를 가졌다는 것은 결코 우연한 일이 아니다. 왜냐하면 이것을 초래한 것은 그리스 정신이기 때문이다. 주지하는 바와 같이 동양의 모든 신학이 결국 인도사상에 귀착하는 것처럼, 서양의 모든 신학은 결국 이 그리스 정신에 입각하고 있다.

즉, 모든 신학은 종교적인 구제의 주지적 합리화에 불과하다. 대체로 어떠한 학문이더라도 절대로 전제가 없을 수는 없으며, 또 어떠한 학문이더라도 그 전제를 거부하는 사람에게 자기의 가치를 입증할 수는 없다. 그러나 신학은 자기의 과업을 위하여 또 자기의 존재이유를 입증하기 위하여 약간의 특수한 전제를 갖는 것이 보통이다. 물론 그것은 각 신학의 각각 다른 의미와 범위 내에서이다. 그런데 모든 신학에 관해서, 이를테면 인도교의 신학에 관해서도 타당한 것은 세계는 그 무슨 의의를 틀림없이 가지고 있을 것이라는 전제이며, 모든 신학에 있어서의 문제는 그것이 합리적으로 납득될 수 있도록 하기 위해서는 이 의미를 어떻게 해석할 것인가 하는 것이다. 그것은 마치 칸트의 인식론이 '학문적 진리는 존재한다. 그리고 또 그것은 타당하다'라고 하는 전제로부터 출발하여 다시 이것은 어떠한 조건하에서 합리적으로 가능한 것인가를 그 문제로 삼았던 것과 같다. 또한 현대의 미학자(美學者)들이—이를테면 게오르그 폰 루카치(Georg von Lukacs)[28]와 같이 명백히 또는 사실상—'예술품은 사실 존재한다'라는 전제로부터 출발하여, 이것이 어떻게 하여 합리적으로 가능한가를 문제삼고 있는 것과 같다.

그러나 신학은 일반적으로 이러한—본질상 종교 철학적인—전제만을 가지고 만족하는 것은 아니다. 그것은 보통 다시 일정한 '계시'가 구제상에 중요한 사실로써—따라서 또한 그것에 의해서 비로소 의의 있는 생활을 할 수 있는 사실로써—단적으로 믿어야 한다는 것, 또 일정한 상태와 행위가 신성시되는 자격을 가질 것, 즉 그것이 종교상 의의 있는 생활 내지 그와 같은 생활의 여러 요소를 형성할 것 등을 전제로 한다.

그리하여 또한 그것에 있어서 문제되는 것은, 단적으로 승인되어야 할 이들 여러 전제는 하나의 세계상(世界像) 전체 중에서 어떻게 하여 뜻있는 것이리고 이해될 수 있을 것인가 하는 것이다. 그런데 이러한 전제는 신학에 있어서 '학문'적인 것과는 다른 세계에 있는 것이다. 그것은 보통 말하는 의미의 '지식'이 아니고 '소유'이다. 따라서 그것을—즉 신앙과 기타 신성한 상태를—'소유'하지 않는 사람에게는 신학 자체로는 대체시킬 수 없는 것이다. 하물며 다른 학문에 있어서는 재론할 여지도 없다.

그뿐만 아니라 오히려 일반적으로 기성 신학에 있어

서 신자들은 저 아우구스티누스(Augustinus)[29]의 이른바 '불합리한 것이 아니고 불합리하기 때문에 나는 믿는다'라고 하는 구절에 상당하는 경지에까지 도달하는 것이다. 그와 같은 '지성의 희생'의 대가다운 능력은 기성 종교의 신앙을 가진 사람들의 결정적인 특징이다. 그렇다고 한다면 이 사실은 '학문'의 가치 영역과 종교적 구제의 그것과의 사이에서 벌어지는 투쟁은 신학—그것에 의해서만 이 사실은 명백해진다—이 존재함에도 불구하고, 아니 그것보다도 오히려 신학이 있기 때문에 조정되기 어렵다는 것을 표시하는 것이다.

'지성의 희생'은 오로지 예언자에 대해서 추종자들이, 또는 교회에 대하여 신자들이 그 정당성을 가져오는 것이다. 그러나 이렇게 해서 여태껏 어떠한 새로운 예언이 나타난 예는 없는 것이다. 왜냐하면—나는 여기서 많은 사람들에게 불쾌한 비유를 일부러 또 한 번 들어보겠다—현대의 지식인들은 소위 보증받은 참된 낡은 사물로 자기를 장식하려는 욕망을 가지고 있다.

이에 따라 종교도 또한 이와 같은 사항의 하나라는 것을 알게 된다. 그러나 그들은 현재 종교라는 것을 가지고 있지 않다. 그래서 그들은 이에 대신하는 것으로 여러 나라에서 수집된 성상(聖像)으로 장난삼아 장식한 일종의 가내(家內) 예배당을 가지고 이것을 다른 사람들에게 자랑삼아 보여 주고 있다. 또 그들이 신비한 구제(救濟)의 가치를 가지고 있다고 생각하는 모든 종류의 체험 속에서 이 대용품을 만들어 이것을 가지고 독서계로 행상(行商)하고 다닌다.

요는 이러한 것은 일종의 사기이거나 그렇지 않으면 자기 기만에 지나지 않는다는 것이다. 이에 반해서 최근 부지불식간에 나타난 청년단체의 대부분이 자기 단체의 인간관계를 그 어떠한 종교적인, 우주적인 또는 신비적인 관계처럼 해석하는 경우, 그것은 결코 사기가 아니라 대단히 착실하고 성실한 것이다.

그러나 그것은 대체로 자신에 대한 올바른 해석이라고 할 수는 없을 것이다. 물론 진정한 인간애에 입각한 행위는, 이것으로 인해서 어떤 영원한 것을, 어떤 초개인적인 세계에 기여함으로써 지식과 결합할 수 있다. 그러나 그렇다고 해서 이와 같은 종교적 해석에 의해서 그 자신 인간관계에 불과한 것이 그 품위를 높인다고는 생각하지 않는다―그러나 이러한 것이 당면 문제는 아니다.

오늘날 궁극적인 또 가장 숭고한 여러 가치는, 그 모두가 공적 사회로부터 은퇴하여 신비스런 생활 속으로 또는 사람들의 직접적인 교제에 있어서의 인간애 속으로 그 모습을 감추어 버렸다.

이것은 우리들의 세대, 즉 합리화 및 주지화, 특히 저

마법으로부터의 세계 해방을 특징으로 하는 시대적 숙명이다. 현대의 최고 예술이 비공공적인 것이며 기념비적인 존재가 아니라는 것, 또한 과거 폭풍우 같은 정열을 가지고 수많은 교단을 일으키고, 또 이들을 서로 융합시킨 예언자의 성령(聖靈)에 해당할 만한 것은 오늘날 다만 가장 소규모의 단체 내에 있어서의 교섭 속에만, 더욱 최약음(最弱音)으로 명맥을 이어감에 불과하다는 것—이런 것은 모두 우연한 일이 아니다.

만일 기념비적인 예술품을 억지로 만들려고 하든지, 또 안출(案出)하려고 한다면 그 결과는 과거 20년간의 많은 기념비적 작품에 있어서와 같이 비참한 실패로 끝날 것이다. 또 만일 어떤 새롭고 진정한 예언 없이 종교의 부흥을 획책한다면, 그 결과는 외관상으로는 어떠하든 실질적으로는 역시 같은 실패로 끝나고, 또 먼저 경우보다도 한층 나쁜 결과를 야기할 것이다. 그리고 교단상의 예언은 결국 다만 광신적인 여러 종파를 만들어 낼 뿐, 결코 진정한 공동체를 만들어 낼 수는 없을 것이다.

이와 같은 시대의 숙명을 용감하게 감내할 수 없는 사람에게는 다음과 같이 말하지 않으면 안 된다. 즉, 그는 오히려 얌전하게, 바꾸어 말하면 보통 하듯이 배교자(背敎者)임을 사람들에게 말하고 다니지 말고, 오로지 정직하고 솔직하게 옛날부터 내려오는 교회의 넓고 따뜻한 품안으로 되돌아가는 것이 좋을 것이라고. 이렇게 말한다 하더라도 여러분들은 그를 별로 괴롭히는 것은 아니다.

여하튼 그는 이 경우 어차피 '지성의 희생'을 바치지 않으면 안 되고, 이것은 회피할 수 없는 일이다. 우리는 그가 그렇게 하였다고 해서 감히 그를 책망하지는 않을 것이다. 왜냐하면 이와 같은 종교상의 전적인 헌신을 위해서 행해지는 지성의 희생은, 도덕적이라는 점에서는 항상 그 솔직한 지적 정의의 의무를 회피하는 것과는 약간 다르기 때문이다.

그와 같은 회피는 자신의 궁극적 입장의 결정에 관해서 자기의 숙명을 끝까지 겪어 본다는 용기를 갖지 않고 그 의무를 무기력한 타협에 의하여 경감하려고 할 때 나타나는 것이다. 그러나 나에게는 이 회피도 저 교단상의 예언에 비하면 그나마 좋다고 생각된다.

왜냐하면 교단상의 예언은 교실 안에서는 무엇보다도 솔직한 지적 정의 이외의 여하한 덕도 통용하지 않는다는 것을 이해하지 못하기 때문이다. 그런데 이 덕은 우리에게 명령한다. 오늘날 새로운 예언자나 구세주를 고대하고 있는 많은 사람들에게 사정(事情)이 저 〈이사야서〉에 기록되어 있는 유수시대(幽囚時代)의 '에돔의 파수꾼의 노래(edomitischen Wächterlied)'[30]에 있어서와 똑같음을 확인하라고. 즉, '사람이 에돔에 있는 세일에서 나를 부르되, 파수꾼이여, 아직도 밤은 얼마나 남아 있느냐? 파수꾼이 가로되, 아침은 오나 지금은 아직 밤이니라. 만약 네가 물으려거든 다시 한 번 올지니라.'

이러한 말을 들은 민족이 그 이후 2천여 년에 걸쳐 같은 것을 질문하여 왔고, 같은 것을 고대하여 왔다. 그리고 이 민족의 무서운 운명을 우리는 알고 있는 터이다. 이러한 것에서 우리들은 헛되이 고대하고 있는 것만으로서는 아무것도 이루어지지 않는다는 교훈을 끌어내자. 그리고 이러한 태도를 고쳐서 자기 과업에 착수하여 '시대의 요구'에—인간적으로나 직업적으로나—순응하자. 이것은 만일 각자가, 각각 그 인생을 조종하고 있는 수호신(Dämon)을 발견하고, 또 이에 순응한다면 쉽고 간단하게 이룰 수 있는 것이다.

㊟

1. Uhland, Ludwig(1786~1862) 독일의 시인. 문학사가(文學史家). 대학에서 법률과 문헌학을 배워 1811년 변호사. 1829년에서 33년까지 튀빙겐 대학 조교수를 지냈고, 1838년에 프랑크푸르트 국민의회 의원으로 선출되었다.

2. Helmholtz, Hermann Ludwig Ferdinand von(1821~1894). 독일의 생리학자이며 물리학자. 베를린 미술학교 해부학 강사. 케니히츠베르크 대학 생리학 교수, 하이델베르크 대학의 교수를 지내고 베를린 대학 물리학 교수, 국립 이공학 연구소장 등을 역임. 발명가로서

뛰어난 재능과 실험의 숙달, 수학적 지식, 철학적 통찰을 구사해서 학문 분야에 훌륭한 업적을 남겼다.
3. Ranke, Leopold von(1795~1886) 독일의 역사가. 베를린 대학 교수, 프로이센 수사관(修史官), 바이에른 학사원, 사학위원 회장 역임. 역사 비판적 방법과 객관적 역사 서술을 확립했다.
4. '죽지 않은 단체'란, 프랑스 학사원을 가리킨다. 회원이 사망하면 신회원이 선발 보충되어 언제나 40명을 유지할 수 있도록 되어 있다고 한다.
5. '모든 희망을 버려라(lasciate ogni speranza)'는 'lasciate ognisperanza, voi ch'entrate'의 생략형인데 단테의 ≪신곡≫에 있는 지옥 입구에 걸려 있는 구절.
6. Mayer, Julius Robert von(1814~1878) 독일의 의사, 물리학자.
7. Jhering, Rudolf von(1818~1892) 독일의 법학자. 베를린 대학 강사, 바젤 대학 교수, 로스톡 대학 교수를 역임. 뒤에 괴팅겐 대학 교수가 되었다. 19세기 독일 법학에 크게 기여하였다.
8. Weierstrass, Karl Theodor(1815~1897) 독일의 수학자. 본 대학에서 법률과 재정을 배우는 한편 수학을 자습했다. 베를린 대학 교수 역임, 해석학의 기초를 확립했다.
9. 남아프리카의 유목민.
10. 이스라엘 민족의 시조.
11. 이상적인 정치에 관한 것으로 플라톤 주저(主著)의 하나.
12. Socrates(B.C. 470(69)~399) 그리스 철학자.
13. Aristoteles(B.C. 384~322) 그리스 철학자.
14. 인도 육파철학(六派哲學)의 하나로서, 5감의 작용을 억제하고 산란함을 떠나 사념을 한 일에 집중하고 삼매경에 이르려는 명상적 수행법. 즉, 행자(行者)를 말한다.
15. Leonardo(Lionardo) da Vinci(1452~1519) 이탈리아의 화가·조각가·건축가.
16. Galilei, Galileo(1564~1642) 이탈리아의 물리학사·천문학자.
17. Bacon, Francis(1561~1626) 영국의 철학자·정치가.
18. 본래는 선생이라는 뜻이다. 여기서도 이 뜻으로 사용되고 있으며, 일정한 학위를 가리키는 것이 아니다.

19. Swammerdam, Jan(1637~1680) 네덜란드의 자연과학자. 미생물의 형태 연구와 곤충의 해부학적 연구에 업적을 남겼다.
20. Spener, Philip Jakob(1635~1705) 독일의 프로테스탄트 신학자. 경건주의의 아버지라고 불린다.
21. 이것은 니체의 ≪Also sprach Zarathustra≫ 제1부 제5절에 나오는 구. '최후의 사람들'이란 왜소한 인간을 의미하며 그의 초인의 정반대 개념이다.
22. Nietzsche, Friedrich Wilhelm(1844~1900) 독일의 철학자. 권력의지를 생의 원리로 하는 사상은 니체에 일찍부터 있으나, 그것은 신 없는 근대정신의 본질을 가장 잘 상징한다.
23. 악마의 영광의 나라라고 하는 것은 이른바 '악마파'의 입장에서 본 예술의 세계. 귀족주의적 정신 및 반인간애적 태도가 이 파의 특징이다.
24. 연로한 밀(der alte Mill)은 James Mill(1773~1836)을 가리킨다. 영국의 철학자이며 경제학자로 그의 장남은 John Stuart (1806~1873)이다.
25. Baudelaire, Charles(1821~1867) 프랑스의 시인·평론가. 그의 시집 ≪악의 꽃≫은 불건전한 것, 부도덕적인 것 등을 구가한 것으로 센세이션을 일으켰다. 이른바 세기말의 데카당을 대표한다.
26. 이 구절은 괴테의 ≪파우스트≫ 제2부 2막에 나오는 메피스토펠레스(Mephistopheles)의 대사임.
27. 마니교는 페르시아인 마니(Mani ; 摩尼 216~276)를 교조로 하여 일어났다. 배화교를 바탕으로 기독교 및 불교의 교의를 융합하고 있다.
28. 현대 헝가리의 문학사가·철학자. 독일의 여러 대학에서 철학·미학을 연구. 귀국하여 헝가리 혁명(1919년)에 가담했으나 혁명 실패 후에 망명했다.
29. Augustinus, Aurelius(354~430)는 초기 기독교 사상가. 처음에는 마니교에 귀의했으나 뒤에 카톨릭 교회의 신도가 되었다. 그의 ≪신국론(神國論)≫이 유명하다.
30. '에돔의 파수꾼의 노래'는 구약성서 〈이사야서〉 제21장 제10~12절 참조.

직업으로서의 정치

직업으로서의 정치

 여러분들의 희망에 따라서 하지 않으면 안 될 이 강연은 여러 방향에 있어서 여러분들을 계몽할 것이다. 〈직업으로서의 정치〉라는 강연 속에 여러분들은 부지중 현실의 시사 문제에 대한 의견을 기대할 것이다. 그러나 그러한 문제는 생활 전체 속에서 정치적 행위에 어떠한 의의가 있느냐 하는 일정한 문제에 관련시켜 순전히 형식적 방법에서만 마지막으로 제기될 것이다.

 이에 반해서 오늘의 강연에서는 '우리들은 어떠한 정치를 하여야 하는가', 즉 우리들은 어떠한 내용을 우리들의 정치적 행위에 부여하지 않으면 안 되는가에 관련되는 모든 문제를 전적으로 배제하지 않으면 안 된다. 왜냐하면 이런 것은 〈직업으로서의 정치〉란 무엇인가, 또 무엇을 의미하는가라는 일반적인 문제와는 아무런 관계가 없기 때문이다. 따라서 본제(本題)로부터 이탈하지 않도록 요주의(要注意)!

 정치라고 하는 것은 무엇을 의미하는가? 정치라고 하

는 개념은 매우 광범한 것이어서, 모든 종류의 독립적 지배활동(selbständig leitende Tätigkeit)을 포함하고 있다. 우리는 은행의 외국환 정책이나, 국립 은행의 어음할인 정책이나, 회사 중역의 그 회사 관리에 대한 정책이나, 심지어는 남편을 조종하려고 하는 현명한 부인의 정책에 관해서까지도 논의할 수 있다.

이와 같은 광범한 개념은 우리들의 고찰의 바탕이 아닌 것은 말할 나위도 없다. 내가 오늘의 강연에서 바라는 것은 정치의 개념하에서 단지 한 개의 정치적 단체, 즉 오늘날 한 국가의 지도 또는 그 지도가 미치는 영향이라는 것만을 이해해 달라는 것이다.

그러면 사회학적인 관찰의 관점에서 볼 때, '정치적' 단체란 무엇이며 '국가'란 무엇인가? 국가는 또한 국가가 행하는 내용으로부터 사회학적으로 정의해서는 안 된다. 여기저기에서 정치적 단체가 관여하지 않았을 것 같은 과제 임무는 거의 하나도 없다. 또한 다른 면에 있어서 그 임무가, 언제나 완전하게 말하면, 정치적 단체라고 불리고 오늘날에는 국가라고 불리는 그 단체에 대해서, 혹은 또 역사적으로 근대국가의 선구자였던 그 단체에 대해서, 항상 절대적으로 고유의 것이었다고 말할 수 있을 만한 것은 아무것도 없다. 오히려 사람들은 근대국가를 사회학적으로 정의하는 데 있어서는 모든 정치적 단체에 적응되는 것과 같이 하나의 특수한 방법, 즉 물리적 강제력에 의해서만 최종적으로 정의할 수 있다.

'모든 국가는 폭력을 바탕으로 하고 있다'라고 트로츠키(Trotsky)[1]는 브레스트 리토스크[2]에서 갈파하였다. 그것은 사실에 있어 지극히 타당한 말이다. 만일 강제력이 수단으로 알려져 있지 않은 사회적 조직이 있었다면, 그때는 '국가'라는 개념은 소멸해 버렸을 것이고, 사람들이 용어의 특수한 의미에 있어서 '무정부(Anarchie)' 상태라고 불리게 되었을 것이다. 물론 강제력은 국가의 정상적이거나 또는 유일한 수단은 결코 아니다—이 점에 관해서 문제될 것은 없다—그러나 그 강제력은 국가에 있어서는 특유한 것이다. 특히 오늘날에 있어서 강제력과 국가와의 관계는 아주 밀접하다. 과거에는 온갖 단체가—씨족에서 시작한—물적 강제력을 전적으로 정상적인 수단으로 알고 있었다.

이에 반하여 오늘날에 있어서 우리들은 국가란 어떤 일정한 영역 내에서—즉 영역은 그 특징의 하나니까—합법적인 물적 강제력의 독점을 스스로 요구하는 그들 인간의 공동사회라고 하지 않으면 안 될 것이다. 왜냐하면 현재 국가 이외의 모든 단체와 개인에 대해서는 국가가 허용하는 범위 내에서만 물적 강제력을 행사할 권리가 인정된다는 사실—국가는 강제력에 대한 권리의 유일한 원천이라고 간주되고 있다는 사실이다. 따라서 '정치'란 국가 상호간이든, 국가가 포용하는 인간집단 상호간이든 간에 권력의 배당과 그 분배에 영향을 끼치려 하는 노력이라고 말할 수 있을 것이다.

이것은 또한 본질적으로 언어의 관용에도 부합한다. 우리들이 어떤 문제에 관해서 그것은 정치적인 문제라고 한다든가, 어떤 장관이나 관리에 대해서 그는 '정치적'인 관리라고 한다든지, 또는 어떤 결정에 대해서 그것은 '정치적'으로 결정지워져 있다든가 하고 말할 때는 언제나 그 권력의 분배와 추이에 대한 이해가 그 문제의 대답에 결정적인 역할을 하며, 또 그 결정을 제약하기도 하고, 그 관리의 활동범위를 제약한다는 것을 의미하기도 한다.

정치를 하는 사람은—이상적이든 이기적이든 간에—어떤 목적을 위한 수단으로써 권력을 추구하든가, 또는 '권력 그 자체를 위해서', 즉 권력이 부여하는 우월감을 향유하기 위해서 권력을 추구하는 것이다.

국가는 국가보다 역사적으로 선행할 정치적 단체와 같이, 합법적인(즉 합법이라고 인정되는) 강제력의 수단에 의하여 지탱되는 '인간에 대한 인간의 지배관계이다.' 국가가 존립하기 위해서는 피지배자는 항상 지배자로부터 요구된 권위에 복종하지 않으면 안 된다. 언제 그리고 무엇 때문에 그들은 복종하여야 하는가? 이와 같은 지배는 어떤 내면적인 이유와 외면적인 수단에 의하여 성립되어 있는가?

어떤 지배의 내면적 시인, 따라서 정당성의 근거에는 —이들로부터 시작한다면—세 가지의 원리가 있다.

첫째는 '영원히 어제의 것'의 권위이다. 즉, 회고하기 어려운 아득한 옛날부터 존재한 타당성과 이것을 준수해 가는 관습적인 입장에 의해서 신성화된 풍습의 권위이다. 옛날 종족의 가장(家長)과 세습군주가 행사한 것과 같은 '전통적' 지배가 이것이다.

둘째는 일상의 평범한 것을 초월한 개인적인 카리스마(Charisma)[3]의 권위이다. 즉, 한 개인의 초자연적인 계시나 영웅적인 행동이나 또는 기타 지도자다운 자질에 대한 개인적인 귀의와 신뢰가 그것이다. '카리스마적' 지배란, 예언자나 또는—정치적인 영역에서는—선거된 전쟁왕후(戰爭王侯)나, 인민 투표에 의해서 선출된 지배자나 위대한 선동가나 정치적인 정당 지도자가 행사하는 것과 같은 지배이다.

셋째로 '합법성'에 의한 지배이다. 이것은 합법적인 규칙의 타당성에 대한 신념과 합리적으로 제정된 규칙에 입각한 객관적인 '권한'에 의한 지배이다. 따라서 규칙대로 의무를 다하는 데 충실할 것을 지향하는 입장으로 이루어지는 지배이다. 근대적인 '국가의 관사(官吏)'는 이 점에 있어서 이와 유사한 모든 권력 담당자가 행사하는 지배이다.

이와 같은 복종의 원인이 되어 있는 것은 현실에 있어서 공포와 희망—즉, 마술적인 힘과 권력자의 복수에 대한 공포와 내세 또는 현세의 보수에 대한 희망—으로부터 연유한 매우 실질적인 동기 및 이것과 병립하는 모든 종류의 이해관계임은 자명의 사실이다. 이에 관해서는 곧 납득이 된다. 그러나 복종의 '정당성'의 근거에 관하여 질문을 한다면 그때는 확실히 이 세 가지 순수한 유형에 귀착될 것이다.

그리고 이 정당성의 관념과 그 내면적인 근거는 지배기구에 대하여 대단히 중요한 의의가 있다. 물론 이들 순수형은 현실에 있어서는 드문 것이다. 그러나 오늘은 이들 순수한 형태들의 복잡한 변화나 과도적인 결합에 관해서는 더 이상 논의할 수 없다. 즉, 이것은 '일반 국가학'의 문제이다.

여기서 무엇보다도 흥미 있는 것은 이들 유형의 두번째 것, 즉 지도자의 개인적인 '카리스마'에 대한 복종자의 헌신에 입각한 지배이다. 왜냐하면 여기에 직업(Beruf)의 사상이 극히 선명한 형태로 뿌리박고 있기 때문이다. 전쟁에 있어서의 예언자나 지도자 또는 교회와 의회에 있어서 위대한 선동자의 카리스마에 대한 복종은 실로 그가 개인적인 마음으로부터 '천부'의 인간 지도자라고 간주됨을 의미하는 것이다.

사람들은 관습이나 또는 법률의 힘에 의하여 복종하는 것이 아니고, 그를 믿기 때문에 복종한다는 것을 의미한다.

만약 그가 편협하고 공허한 벼락감투를 쓴 사람이 아니라면, 그 스스로 자기 본분에 전념하고 자기 과업을 추구할 것이다. 그리고 그의 인격의 자질 속에는 그의 제자나 추종자나 그의 개인적인 당파의 동료들이 복종할 만한 가치가 있는 것이다.

과거에 있어서는 가장 중요한 두 개의 형태, 한편은 마술사와 예언자, 또 다른 한편에서는 선거된 전쟁왕후나 대장, 용병대장 등의 형태를 취하여 모든 지역과 모든 역사적인 시기에 있어서 지도자가 출현하였다. 그러나 우리들과 밀접한 관계를 가지고 있으면서 서양에만 독특한 것이 있으니, 지중해 문화의 고유한 도시국가에 탄생하여 자유로운 '선동가'의 형태를 취한 정치적 지도자가 그 것이고, 서양의 입헌국가에서 성장하여 의회 정당 지도자의 형태를 취한 정치적 지도자가 바로 그것이다.

그러나 가장 고유한 의미에 있어서 직업 때문에 나타

난 이들 정치가는 정치적 권력투쟁의 활동에 있어서 유일한 표준적 형태는 아니다. 오히려 그들이 자유롭게 지배하는 보조수단의 종류가 가장 결정적인 특징을 나타낸다.

정치적인 지배 권력은 어떠한 방법으로 그들 보조수단의 지배를 마치 자기 권리처럼 주장하기 시작하는 것인가?

이 질문은 모든 종류의 지배에도 해당된다. 따라서 전통적인 지배, 합법적인 지배, 카리스마적인 지배, 그 밖에 모든 형태의 정치적인 지배에도 해당하는 것이다.

계속적인 관리를 요구하는 모든 지배 경영은, 한편으로는 합법적인 권력의 담당자임을 주장하는 그 지배자에게 복종하도록 하는 인간의 행동을 적응시킬 것을 요구한다. 그리고 다른 면에 있어서 이 복종에 필요한 경우는, 물적 권력의 행사를 관철하기 위해 필요한 인적 행정간부와 물적 행정수단을 자유롭게 지배하는 것을 요구한다.

다른 모든 경영과 같이 그 외부에 대하여 정치적 지배를 표현하는 행정간부는 물론, 조금 전에 말했던 그 정당성의 관념에 의하여서만 권력자에 대하여 복종하도록 구속되어 있는 것은 아니다. 오히려 개인적인 이해에 관련된 두 가지 수단, 즉 물질적인 보수와 사회적인 영예에 의하여 구속되어 있다. 영주의 봉토, 세습 관리의 녹, 근대국가 관리의 보수―기사의 명예, 신분적 특권, 관리의 명예 등이 그의 보수이다. 그리고 이와 같은 것들을 상실하지 않을까 하는 불안감이 행정간부와 권력자와의 유대관계의 절대적 기초로 되어 있다. 카리스마적인 지도자의 지배의 경우도 마찬가지다. 즉, 전쟁에 있어서는 그 부하들에게 명예와 전리품이 있고, 선동가에 대한 예속에 대해서는 관직의 독점에 의한 피지배자의 수탈, 정치적으로 제약되어 있는 이득, 허영심에 대한 보상 등 이른바 스포일스(Spoils)[4]가 그 기초로 되어 있다.

모든 권력적 지배를 유지하기 위해서는 경제적 경영에 있어서와 마찬가지로 어떤 물질적인 외부적 재산을 필요로 한다. 따라서 모든 국가 질서는 권력자가 그들의 복종을 고려하지 않으면 안 되는 그 인간의 행정간부가―관리나 또는 그 밖의 어떤 것이든―금전·건물·전쟁물자·차량·말, 기타 무엇이든 이들 행정수단을 자기의 재산으로 소유한다든지, 또는 오늘날 자본주의 경영 내부에 고용된 프롤레타리아가 물질적 생산수단으로부터 분리되어 있는 것과 같은 의미에서 행정간부가 행정수단으로부터 분리되어 있든지 그 어느 것으로든 분류할 수 있다.

따라서 권력자가 그에 의해서 조직된 그 자신의 정부 내에서 행정을 주관하면서 자기 고유의 권리로써 물질적 경영수단을 가진 소유자가 아니고, 주인에 의해서 고용된 개인적 봉사자나 고용된 관리 또는 개인적 친근자나 심복인 사람들에 의해서 경영을 관리시킬 것인가, 그렇지 않을 것인가 중의 어느 것이다. 이 구별은 과거의 모든 행정조직을 통해서 일관하고 있다.

물질적인 행정수단의 전부, 또는 일부분이 주인에 종속하는 행정간부의 독재 속에 놓여 있는 정치적인 단체를 나는 '신분적'으로 조직된 단체라고 부르고자 한다. 이를테면 봉건국가에 있어서의 가신(家臣)은 그에게 주어진 봉토 내의 행정과 재판 경비를 자기 주머니에서 지출하고 전쟁에 대해서는 혼자 힘으로 장비와 군량을 준비한다.

그의 부하들도 같은 일을 한다. 이것은 군주의 권력적 지위가 개인적인 충성의 서약에만 입각하였고, 가신의 영지 소유와 사회적 명예는 그 '정당성'이 군주로부터 유래했다는 것은 사실에 대한 당연한 귀결이다.

그러나 태고의 정치적 단체에까지 소급해 가면 우리들은 도처에서 주인 고유의 통치를 발견한다. 즉, 그것은 개인적으로 주인에 종속되어 있는 노예, 가내 고용인, 신하, 개인적인 '친근자', 그리고 주인의 창고로부터 현물이나 금전의 급여를 빌려 온 수록승(受祿僧, Pfründer) 등에 의하여 군주가 행정을 자기 손아귀에 넣으려고 시도하였다. 또, 자기 자신의 주머니와 자기의 세습재산에서 생기는 수익 중에서 자금을 지출하려고 시도하기도 하고, 그의 창고나 저장소 그리고 병기고로부터 장비와 식량을 받아서 순전히 개인적으로 그에 예속하는 군대를 만들어 내려고 시도하기도 한다.

'신분적'인 단체 내에 있어서 군주는 자주독립한 '귀족계급'의 지원을 얻어 지배하며, 따라서 그들과 지배를 분할하고, 여기서 군주는 가내 노복이나 혹은 서민들에 의해 지지되어 있다. 이 서민이란 무산계층이며, 고유의 사회적 명예를 전혀 갖지 못하는 계층으로 물질적으로는 전적으로 주인에 구속되어 주인과 경쟁할 만한 고유의 힘을 하나도 가지고 있지 않은 계층이다. 모든 형태의 가장적(家長的) 지배나 세습적인 지배, '술탄(Sultan)'적[5] 전제나 관료주의적 국가 질서는 이 유형에 속한다. 특히, 그 가장 합리적인 발달에 있어서 근대국가의 특징인 관료주의적 국가 질서도 바로 이 유형에 속한다.

근대국가의 발전은 어느 곳에서나 봉건군주의 편에서 그와 대립하고 있는 행정권력의 '사적' 담당자, 즉 행정수단과 전쟁 경영수단, 그리고 재정 경영수단이나 기타 모든 종류의 정치적으로 사용할 수 있는 재산 소유자를 수탈하도록 준비하고 있다는 사실로부터 시작하는 것이다. 이 전 과정은 독립한 생산자를 차츰 수탈함으로써 자본주의적 경영의 발전과 완전히 병행한 것이다. 궁극적으로 근대국가에서는 사실상 하나의 첨단에 전 정치경영의 수단에 대한 지배력이 집중되어 한 사람의 공무원이라도 벌써 그가 지출한 금전의 개념적인 소유자가 될 수 없으며, 또 그가 자유로이 사용하는 건물과 저장실과 도구와 전쟁기구의 소유자가 될 수 없다는 사실을 우리는 발견하게 된다.

따라서 오늘날의 국가에 있어서는—이것이 개념상 본질적인 것이나—행정간부, 즉 행정관리나 행정노무자가 물질적인 행정수단으로부터 완전히 분리된 것이다. 여기에 가장 근대적 발전이 시작되고, 우리들 눈앞에 정치적 수단 및 정치적 권력이 수탈을 준비하려고 시도하는 것이다.

이 수탈은 찬탈이나 선거에 의하여 스스로 정치적인 인적(人的) 간부와 재산인 기구에 대한 지배권을 장악하여—일부분 어느 정도의 정당성을 가지고 있지만—그 정당성을 피지배자로부터 끌어내는 지도자가 기존 공권력을 대신해서 나타날 때에는 적어도 혁명이 성취되는 것이다.

이러한 혁명이 자본주의적 경제의 경영 내부의 수탈까지도 관철하려는 희망을—적어도 외견상의—성공에 의하여 당연히 가질 수 있느냐 없느냐 하는 것은 별개의 문제이다. 왜냐하면 자본주의적 경제의 경영지도는 매우 유사한 것임에도 불구하고, 그 깊은 본질에 있어서는 정치적 행정과는 전혀 다른 법칙에 따라서 움직이는 것이기 때문이다. 이 문제에 관해서 나는 언급할 입장에 있지 못하다. 나는 우리들의 관찰에 대하여 다만 순수하게 개념적인 것만을 확인하는 것이다. 즉, 근대국가는 일정한 영역 내에서 지배의 수단으로써 합법적인 물적 강제력을 유효하게 독점할 수 있도록 노력해 왔던 것이다. 이 목적을 위해서 물질적 경영수단을 그 지도자의 손에 돌아가게 하여, 자기의 권리로써 국가를 지배하고 고유의 권리를 가졌던 공무원을 수탈하여, 자신이 이 공무원을 대신하여 최고의 첨단에 자리잡은 조직적인 지배 단체이다.

지상의 모든 국가에 있어서 각양각색의 효과를 가지고 행사된 이 정치적 수탈 과정이 진행되는 가운데, 최초에는 군주의 봉사역으로서 제2의 의미에 있어서의 '직업정치가'의 최초의 범주가 나타난 것이다.

이것은 카리스마적인 지도자처럼 주인이 되려 하지 않고, 정치적인 주인에 대한 봉사를 위하여 나타난 사람들이다. 그들은 이 투쟁에 있어서 자신을 군주의 지배하에 두고 군주의 정치관리로부터 물질적인 생활상의 소득과 관념적인 생활 내용을 만들어 낸 것이다.

서구에서 우리들은 이와 같은 종류의 직업정치가를 볼 수 있는데, 군주만이 아닌 그 이외의 권력의 봉사자 가운데서 발견할 수 있다. 과거에 그들은 군주의 가장 중요한 권력기구이며 정치적 수탈기구였다.

이 직업정치가에 관하여 가까이 접근하기 전에, 이러한 '직업정치가'의 존재가 표시하고 있는 사물의 관계를 모든 각도로부터 의문점이 없도록 명백히 해두자. 우리들은 '정치'를 할 수 있다. 따라서 경제적인 생업에서와 같이 기회적 정치가로서, 본업적 또는 부업적 정치가의 정치적 조직 내부와 그들 상호간에 있어서 권력의 분배를 좌우하고자 노력할 수 있다. 우리가 선거에 투표도 하고 혹은 이에 유사한 의사 표시, 예를 들면 어떤 정치적 집회에 있어서 찬성이나 반대 또는 정치적인 연설을 행하기도 하고 그 밖의 것에 우리들은 모두가 기회적 정치가가 되는 것이다.

그리고 많은 사람들의 정치에 대한 모든 관계는 그 정도로 한정되어 있다. '부업적' 정치가라고 하는 것은 오늘날에 있어서는 이를테면 정당 정치적 제 결사의 모든 수탁자나 간사들인 바, 그들은 이 활동을 절대적인 원칙같이 필요한 경우에만 행하는 것이고, 물질적으로도 관념적으로도 제일의적(第一義的)으로는 그것에 의하여 '그들의 생활이 이루어지는' 것이 아니다.

요구에 의해서만 활동을 시작하는 추밀원이나 이에 유사한 자문 단체의 회원들도 이것과 동일하다. 그러나 또 회기의 기한에 한해서 정치를 하는 국회의원의 상당히 광범한 층도 이와 같다. 과거에 있어서 우리들은 이와 같은 계층을 특히 신분계급 중에서 발견했다. 신분이라는 것은 군사적인 경영수단, 혹은 행정관리에 대해서 중요한 물질적 경영수단이나 인적인 지배권력에 대해서 고유의 권리를 가진 소유자를 지칭하지 않으면 안 된다. 그들의 대부분은 그들 생활의 전부가 정치에 대한 봉사에 공헌하는 것에서부터 멀리 떨어져 있다.

그들은 오히려 그들의 주인의 권력을 지대(地代)나 또는 직접적으로는 이윤의 획득을 위해서 이용하고, 군주와 같은 신분의 동료가 특히 희망하는 경우에만 정치 단체의 봉사를 위해서 정치적으로 활동한 것에 지나지 않았던 것이다.

군주가 오로지 그의 지배하에만 두어야 할 정치적인 자기 경영체를 만들어 내기 위한 투쟁에 있어서 도입한 보조적인 힘의 일부도 이것과 다른 것은 아니다.

'세습적인 고문관'이나, 고대 로마의 원로원이나, 기

타 군주의 자문 단체에서 회합한 고문관들의 거의 대부분은 이런 종류의 성격을 가지고 있었다. 그러나 단순히 기회적이거나 부업적인 보조력만으로 군주가 만족할 수 없었던 것은 당연한 일이다. 그는 전적으로 그의 봉사에 헌신한다. 따라서 주직업적인 보조력으로서의 간부를 만들어 내도록 기도하지 않으면 안 된다. 그러나 그가 이것을 어디서 구하여 만들었는가 하는 점에서, 매우 본질적인 부분에 성립하는 왕조적 정치 형태의 구조와 관련하는 문화의 모든 특징이 관련되어 있었던 것이다.

군주의 권력을 완전하게 배제하든가 또는 극단적으로 제한함으로 자신을 '자유로운' 공동체로서―그것은 권력적인 지배로부터 자유로이 된다는 의미에서가 아니고, 전통에 의해서 정당화된(대부분은 종교적으로 신성화된) 군주의 권력이 모든 권위의 절대적인 원천으로서의 가치를 잃어버렸다는 의미의 '자유'이지만―정치적으로 구성한 저 정치적 단체는 더욱더 동일한 필연성 속에 놓이게 되었던 것이다.

이들 단체는 역사적으로는 그 출처가 절대적으로 서양에 있다. 그 시초는 최초로 지중해의 문화권 속에 나타난 정치단체로서의 도시였다. 이러한 모든 경우에 있어서 본업적 정치가는 어떤 형태를 취했던 것일까?

정치를 직업으로 하는 데는 두 가지 방법이 있다. 그 하나는 정치를 위해서 생활하는 것이며, 다른 하나는 정치에 의해서 생활하는 것이다. 이 대립은 결코 배타적인 것이 아니다. 대개 사람들은 관념적으로는 최소한도로, 거의 대부분 물질적으로 이 두 방법을 사용한다. 정치를 위해서 생활하는 사람은 정신적 의미에 있어서 '그의 생활을 그것으로부터' 영위하는 것이다. 즉, 그는 자신이 행사하는 권력 그 자체의 소유를, 향락하든가 또는 하나의 사물에 대한 봉사를 통하여 자기 생활에 어떤 의미를 부여한다는 의식에서, 그의 내심적 안정과 자기 만족으로 얻든지 하는 것이다. 이 내심적인 의미에 있어서 하나의 '사물'을 위하여 생활하는 모든 착실한 인간은 역시 이 사물에 의해서 생활하는 것이다.

따라서 이 구별은 사물 관계의 보다 실질적인 측면, 즉 경제적인 측면에 관련되어 있다. 직업으로서의 정치에 의해서 생활하는 사람은 그것으로부터 계속적인 수입의 원천을 만들려고 노력하며, 정치를 위해서 생활하는 사람의 경우 이러한 일은 없다. 따라서 이 경제적인 의미에 있어서 정치를 위해서 생활할 수 있는 자는 사유재산제의 지배하에서는 어떤 매우 평범한 조건을 전제로 하지 않으면 안 된다. 즉, 그는 정상적 상태하에서 정치가에게 가져다 줄 수 있는 수입에서 경제적으로 독립하고 있어야 한다는 것이다.

 이것을 극히 간단하게 말하면, 그는 재산이 없어서는 안 된다든지 또는 충분한 수입을 가져오는 사적 생활 상태가 있지 않으면 안 된다는 것이다. 적어도 정상적인 관계에 있어서는 이와 같은 것이 해당된다.

 원래 전쟁왕후의 가신들은 시가(市街)의 혁명적 영웅의 부하들과 같이 일반적인 경제조건에 대하여 문제삼는 일이 적다. 이 양자는 모두 전리품의 약탈, 몰수, 기부, 무가치한 강제 지불수단의 강요에 의해서 생활하고 있다―이들은 그 본질에 의하면 모두 같은 것이다―그러나 이것은 필연적으로 비상시의 현상이다.

 일상적인 경제생활에서는 자신의 재산만이 이 역할을 다하는 것이다. 그러나 이것만으로는 충분하지 않다. 그는 그 밖에 경제적으로 여유가 없어서는 안 된다. 즉, 그의 수입은 그가 항상 개인적으로 그의 노동력과 사고력을 완전히 또는 절대적으로 그의 수입을 획득하기 위한 근로에 제공한다는 사실에 의존해서는 안 된다. 이러한 의미에서 여유 있는 사람은 무조건 금리생활자로 볼 수 있다. 이 금리생활자는 과거 영주이건 오늘의 대지주나 구 왕족이건 지대(地代)로부터―고대나 중세에 있어서는 노예 수입과 농노 수입도 이에 포함된다―또는 유가증권이나 이에 유사한 수입의 원천으로부터 전혀 노동하지 않고서 수입을 거두는 사람이다. 노동자나 —매우 주목할 일이지만—기업가나 그리고 근대적 대기업가도 역시 이런 의미에서는 여유 있는 사람이 아니다.

왜냐하면 그 기업가야말로—공업 기업가가 농업경제의 계절적 성격 때문에 농업경제적 기업가보다 더—그의 경영에 얽매여 있기 때문에 여유가 없다. 일시적이나마 다른 사람에게 대리시킨다는 것조차 그에 있어서는 대부분의 경우 극히 어려운 일이다.

이를테면 의사의 경우에도 마찬가지로 그가 유명하고 다망하면 할수록 더욱더 다른 사람에게 대리시키는 일이 적어진다. 순수하게 경영기술상의 이유로 보면 변호사는 확실히 그 정도가 경미하다—그 때문에 변호사는 직업적 정치가로서도 유례 없이 크고 지배적인 역할을 한 것이다. 나는 이 해설적 증례(證例, Kasuistik)를 더 이상 추구하지 않고 몇 가지 결론을 밝히고자 한다.

절대적으로 정치를 위해서 생활하고, 정치에 의해서 생활하지 않는 사람들(언어의 경제적 의미에 있어서)에 의해서 국가, 또는 한 정당의 지도가 이루어지는 것은, 필연적으로 정치적 지도 계층의 '금권정치적 보충(plutokratische Rekrutierung)'을 의미한다. 그렇다고 하여 그 역(逆)도 진(眞)이라고 해서는 안 된다. 즉, 이와 같은 금권정치적인 지도는 동시에 정치적인 지배층이 정치에 의해서 생활하려고 시도하지 않는다고 말할 수 없다. 따라서 그들의 사적 경제적 이익을 위해서 정치적 지배를 이용하려 하지는 않는다고 말해서는 안 된다. 이에 대해서는 물론 아무런 문제가 없다.

어떠한 방법으로든 그렇게 하지 않는 계층은 없었다. 다만 이 직업적 정치가는 마치 모든 무산자가 반드시 보수를 요구하는 것처럼, 그들의 정치적 업적에 대한 보수를 직접 요구할 필요는 없다는 것을 의미할 뿐이다. 그리고 다른 면에 있어서는 무산정치가라고 하여 단순히 또는 주로 정치에 의한 그들의 사경제적 공급만을 안중에 두고 '일(Sache)'에 대해서는 주로 고려하지 않았다는 것을 의미하지 않는다. 이것보다 더 잘못된 생각은 없다.

유산자에게는 그들의 경제적 '안전'에 대한 고려는 경험상—의식적이건 무의식적이건—그들의 전 생활 동향의 핵심이다. 전혀 뒤도 돌아보지 않고, 앞을 예견하지 않는 정치적 이상주의는 설혹 절대적이 아닐지라도 그 정치적 이상주의자가 무산자이기 때문에 어떤 일정한 사회의 경제질서를 유지하는 계층과는 전혀 다른 계층에 존재하고 있다.

이것은 특히 비상시의 혁명적 시기에 해당된다. 오히

려 이것은 다음과 같은 것을 의미한다. 정치상의 이해 관계자, 즉 지도층과 그 종속자와의 금권정치가 아닌 보충이라는 것은 이 이해 관계자들에 대하여 정치운영에서 규칙적이고 믿을 수 있는 수입을 가져온다는 자명한 전제에 속박되어 있다는 것이다.

그와 같이 정치는 '명예적'으로서, 흔히 말하는 바와 같이 독립적인 재산을 가진 생활자에 의해서 지도되든지 또는 무산자로 하여금 접근하기 쉽게 지도되든지 둘 중의 하나이다. 그러나 후자의 경우에 그들은 보수를 받지 않으면 안 된다. 정치에 의해서 생활하는 직업정치가는 순수한 '수록승(Pfründner)'이든가 혹은 '유급직원'이든가이다. 그는 이런 경우에 일정한 업적에 대한 보수나 수수료에서 수입을 마련하든지—술값 또는 뇌물은 이 범주에 속하는 수입의 단순하고 불규칙적이며 비합법적이고 변칙적인 것에 지나지 않는다—또 확실한 현물 급여든지, 금전 급여든지, 아니면 이 양자를 합쳐서 받든가이다.

그는 과거의 용병대장이나, 관직 임차인(官職賃借人, Amtspächter)이나, 관직 매수자(官職買受者, Amtsäufer)나 혹은 미국의 '보스'와 같이, 하나의 기업가로서의 성격을 가지고 있다. 이 '보스'는 그의 경비와 세력을 이용함으로써 수익을 얻는 일종의 자본 투자로 간주한다.

또 그는 신문편집자나 정당서기, 요즘의 장관이나 정무관처럼 일정한 보수를 받을 수 있다. 과거에 있어서는 영지나 토지 증여나 모든 종류의 녹(祿)이나 화폐경제의 발달에 수반하여 특히 수수료 수입 등이, 군주나 전승(戰勝) 정복자나 성공한 정당 당수들이 그 종속자에게 급여한 전형적인 보수였다.

오늘날 이것은 정당이나 신문이나 조합이나 질병공제조합이나 지방자치단체나 국가 등에 있어서 모든 종류의 공직이며, 정당 지도자로부터 충실한 봉사에 대하여 주어지는 것이다. 모든 당쟁은 사물을 목표로 하는 투쟁일 뿐만 아니라, 특히 관직 임면권(官職任免權)을 위한 투쟁이기도 하다.

독일에 있어서 연방분립주의와 중앙집권주의 간의 모든 투쟁은, 특히 베를린인이나 뮌헨인이나 카를스루어인이나 드레스덴인 중의 어느 세력이 관직 임면권을 장악하느냐를 둘러싸고 일어난다. 관직에 참가하는 경쟁에서, 패배하는 정당은 그 실질적인 목표에 대해서 위배하는 것보다 더 중대하게 생각된다. 프랑스에 있어서 정당정치에 의한 지사(知事)의 경질은 거의 언어상의 의의만을 가진 정부의 정강 변경보다도 언제나 더 중대한 변혁으로 간주되었으며, 큰 소란을 야기시켰다. 많은 정당, 특히 미국의 정당은 헌법 해석에 관한 대립이

해소되고부터는 순전한 엽관자의 정당이 되어, 투표 획득의 기회에 따라 그 실질적인 정강을 변경하고 있다.

스페인에서는 극히 최근까지 상부에서 기계적으로 만든 선거의 형태를 통하여 두 정당이 그 도당들을 관직에 취임시켜 주기 위해서 관습적으로 확립한 순서에 따라 교체하고 있다.

이른바 스페인의 식민지에서는 선거에 있어서나 혁명에 있어서나, 승리자를 사양(飼養)하기를 원하는 국가의 죽통(Staatskrippe)에 관해서 언제나 논의될 뿐이었다. 스위스의 정당은 관직을 비례대표의 방법을 통하여 상호간에 평화적으로 분배한다. 그리고 우리들의 허다한 혁명적인 헌법 초안은, 예를 들어 '바덴'에 대하여 최초로 제출된 것은 이 조직을 각료의 지위로 연장하려고 하였다. 그래서 국가와 그 국가기관을 순전한 관직 알선 장소로서 취급하였던 것이다. 특히 중앙당은 이에 대해서 스스로를 고무 격려하고, 바덴에서는 그 업적에 대해서 아무것도 고려하지 않고 신앙에 따라 관직을 비례적으로 분배할 것을 하나의 정강으로 채택한 것이다.

일반적인 관료정치화에 따라서 관직의 수가 증대하고 또 특별히 확보된 급여의 한 형식으로서의 관직에 대한 욕구가 증대함에 따라 모든 정당에 이 경향이 증가한다. 그래서 정당은 그 당원에게 이와 같이 급여를 받는 목적을 달성하기 위한 수단으로 더욱더 변해 가는 것이다.

그러나 이제 이러한 경향에 대항하여 근대적 관리제도의 발달은 다년간의 교양에 의하여 특수하게 전문교육을 받고 풍부한 소질을 가지고, 이 청렴 때문에 고도의 신분적 명예를 지닌 정신적 근로계급이 나타나고 있다. 이 관리계급이 없으면 무서운 부패와 비속한 속물근성이 운명처럼 우리를 엄습하였을 것이며, 국가기구의 순수한 기술적인 업적까지도 위협하였을 것이다.

이 국가기구가 경제에 대해서 갖는 의의는, 증대해 가는 사회화의 경향과 함께 끊임없이 증대해 왔으며 앞으로 더욱 증대할 것이다. 미합중국에 있어서는 대통령 선거 때마다 위로부터 아래로 우편배달부에 이르기까지 수십 만의 관리가 경질되었다. 그런데 종신적 직업관리를 알지 못한 소위 약탈 정치가에 의한 아마추어 행정은 훨씬 전에 관리제도개혁(Civil Service Reform)[6]에 의하여 붕괴되고 말았다. 행정에 대한 순전히 기술적이며 불가피한 욕구가 이 관리제도 발달의 근거가 된 것이다.

유럽에서의 분업적인 전문관리제도는 5백년간 발달하며 점차 확립하여 왔다. 이탈리아의 도시와 귀족이 그 발단이 된 것이다. 군주국 중에서는 노르만인이 정복한 국가가 최초의 것이다. 봉건군주의 재정에 있어서는 결정적인 진보가 일어났다.

막스 황제(Kaiser Max)의 행정 개혁에 있어서 당시 기사였던 지배자의 아마추어 정치를 최소한도로 인내해 온 이 영역에서 극도의 궁핍과 터키인 지배의 압력하에 있으면서도, 봉건영주로부터 지배권을 탈취하는 것이 관리에게는 얼마나 많은 곤란을 수반하였는가를 우리들은 알 수 있다. 전쟁기술의 발달은 전문장교의 의무를 부과하고, 소송절차의 세련은 교육받은 법률가를 필요로 하였던 것이다. 재정·전쟁·법률이라는 이 세 영역에서 발달한 여러 국가의 전문관리제도는 16세기에 드디어 승리를 거두었다. 즉, 특권적 신분계급에 대항해서 봉건제후의 절대 전제주의가 일어남과 동시에, 그 신분계급에 대한 봉건제후의 승리를 최초로 가능케 한 전문관리에게 제후 자신의 지배권이 양도되어 가기 시작했다.

전문교육을 받은 관료정치의 발흥과 동시에—이 변천을 명백히 한다는 것은 매우 곤란하지만—'지도적 정치가'의 발전 또한 실현된 것이다. 옛날부터 전 세계에 이와 같이 실제상으로 권위를 가진 고문(Berater)이 군주에게 있었다는 것은 자명한 일이다.

동양에 있어서는 '술탄'에 대해서 통치 결과에 대한 개인적인 책임을 될 수 있는 대로 경감해 줄 필요에서 재상(Grosswesir)의 전형적인 형태를 만들어 낸 것이다. 서양에서는 특히 외교 전문가들이 성의를 가지고 읽었던 '베니스' 공사관의 보고서의 영향을 받음으로써 칼 5세[7] 시대에는—이것은 마키아벨리[8]의 시대이다— 외교술이 최초로 의식적으로 습득된 기술이 되었다.

이 외교술의 가장 인도주의적인 교양을 받은 숙련자들은 최후 분열국가 시대의 인도주의적 중국 정치가와 같이 내정에 능통한 교양 있는 계층으로써, 상호간에 행동하였던 것이다.

내정을 포함한 전체적 정치를, 한 사람의 지도적 정치가의 손에 의하여 형식상 통일된 지도를 할 필요성이 입헌정치의 발달에 의해서 종국적으로 그리고 불가피하게 생기게 되었던 것이다. 그때까지는 그와 같은 개인적 인격은 군주의 고문으로서 혹은—사실에 있어서는—그 지도자로서 항상 존재하고 있었다는 것은 실로 자명한 일이었다. 그러나 관청의 조직은 가장 진보된 국가에 있어서도 별도의 과정을 밟았다. 합의적(kollegial)인 최고 행정관청은 벌써 존재하고 있었다.

점차로 그 정도는 감퇴해 갔지만 이론과 사실에 따라서 결재하는 군주 개인의 의장하(議長下)에 회의를 열었다. 다수와 소수 사이에 찬성과 반대, 또는 이유를 설명한 투표를 초래하는 이 합의조직을 통하여, 군주가 공적인 최고 관청과 함께 순수한 개인적 신임자인 '내각

(Kabinett)'에 둘러싸여, 이 신임자에 의해서 국가 고문—그 전에는 최고 국가관청이라고 불렀지만—의 결의에 대하여 그가 결재하였다는 사실을 통하여 군주는 더욱더 아마추어 정치가의 범위에 들어가면서 불가피하게 증대하는 관리의 전문적 교양의 중압을 회피하려고 했으며, 최고의 지도권을 그 수중에 유지하려고 기도한 것이다.

이 전문 관리조직과 군주독재 지배와의 잠재적 투쟁은 도처에 존재하였다. 의회와 그 정당 지도자의 권력욕에 직면해서 처음으로 정세가 일변한 것이다. 여러 가지 다른 상태에 있던 조건도 외부적으로는 같은 결과를 초래했던 것이다. 물론 어느 정도의 차이는 있다. 항상 왕조가 현실의 권력을 장악하고 있는 곳에서는—즉 독일에 있어시와 같이—군주의 이익은 관료세도의 이익과 연대적으로 결부되어 의회와 그 권력의 요구에 대항하였던 것이다. 관리들은 지도적 지위, 각료의 지위까지도 그들의 동료에 의해서 점유되고, 따라서 관리 출세의 대상이 되는 점에 이익이 있다.

군주는 또 군주대로 그의 재량에 따라 그에게 충실한 관리의 계열에서 장관을 지명할 수 있다는 점에 이익이 있었다. 그러나 이 양자는 다 같이 정치적 지도가 단일하게 배타적으로 의회에 대립한다는 것, 따라서 이 합의조직이 하나의 단일적인 내각수반에 의하여 대표된다는 것에 이익이 있었다. 군주는 더욱 당쟁에 대하여, 또 정당으로부터의 공격에 대하여 순수히 형식적으로 초월하고 있기 때문에 그를 옹호하고 책임을 지는 자를 필요로 한다.

즉, 의회에 대해서는 연설을 하여 이것과 대립하고, 정당과 절충하는 사람을 필요로 했다. 이 모든 이해관계는 여기에 동일 방향으로 함께 작용을 한 것이다. 즉, 단일적으로 지도하는 관료대신(Beamtenminister)이 나타난 것이다. 의회 세력이—영국처럼—국왕에 대해서 우세한 곳에서는 의회 세력의 발전은 단일화의 방향으로 한층 강력하게 작용했다.

여기서는 단일적인 의회 지도자이며, '리더(Leader)'를 선두로 한 '내각'이 공식적인 법률상으로는 무시되었으나, 사실상 오직 하나의 정치적 결정권을 갖는 것, 즉 다수를 차지하는 정당의 위원회로서 발달하여 왔던 것이다. 공식적인 합의 단체는 다만 그 자체로서는 실제로 지배적인 세력인 정당의 기관은 아니었다. 따라서 현실적 정부의 담당자도 될 수 없었다. 지배적인 정당은 오히려 그 내부에 있어서 권력을 주장하고, 외부에 대해서는 위대한 정치를 할 수 있기 위해 폭발적인 위력을 가지고 정당을 사실상 지도하고 있는 사람들만으로 구성되어 신임을 받고 행동하는 기관, 즉 바로 내각을 필요로 했다. 그러나 공중(公衆), 특히 의회의 공중에 대해서는 모든 결정에 대하여 책임을 지는 지도자인 내각수반을 필요로 한 것이다.

이 영국의 제도는 그후 의원내각제의 형태를 취해서 대륙 제국에 수입된 것이다. 다만 미국과 미국의 영향을 받은 민주주의 여러 나라에 있어서는 이것과 대립해서 전혀 다른 제도가 생긴 것이다. 그것은 승리한 정당으로부터 선거된 지도자를 직접적인 국민선거에 의해서 그가 임명한 관료기구의 최고 첨단에 앉히고, 그로 하여금 예산과 입법에 관해서만 의회의 동의에 구속당하게 한 제도이다.

근대적 정당조직이 발달하자마자 정치는 권력을 획득하기 위한 투쟁과 그 방법에 있어서 하나의 훈련을 필요로 하는 '운영'으로 발전하였다. 그런데 이 공공단체의 직원을 한편에 '전문관리', 다른 편에 '정치적 관리'라고 하는, 엄격하지는 않지만 명백히 구분되어 있는 두 개의 범주로 분류하는 것을 전제조건으로 하였다. 언어의 본래 의미에 있어서 '정치적' 관리는 본래의 의미로부터 본다면, 외부적으로는 보통 프랑스의 지사(知事)나 다른 여러 나라의 이것과 같은 종류의 관리들처럼 언제든지 임의로 경질되고 해고되어 자유 재량에 위임할 수 있다는 점에서 특이한 것이다. 따라서 이것은 재판 기능을 가진 관리의 '독립성'과 가장 예리하게 대립하고 있다.

영국에서는 확립된 관습에 따라 의회 다수당의 교체에 따라서 내각의 경질에 수반하여 관직으로부터 이탈한 그 관리가 이 정치적 관리에 속한다. 특히, 그 권한이 일반적인 '내부 행정'의 처리를 포함하는 것은 보통 이것으로 간주되는 것이다. 그리고 이에 속하는 '정치적' 요소란 무엇보다도 국내에 있어서의 '질서'에 따라서 현행의 지배관계를 유지하는 임무이다. 프로이센의 관리들은 '푸트카머(Puttkamer)'[9]의 포고에 따라서 견책처분을 면하기 위하여 '정부의 정치를 대표하는' 의무를 가지고 있었다. 그리고 프랑스의 지사와 같이 관료적 도구로서 선거에 영향을 주기 위하여 이용되었다. 대부분의 '정치적' 관리는 실로 독일 제도에 의하면—다른 나라들과는 반대로—이들의 관직의 획득 역시 아카데믹한 학업이나 전문시험이나, 일정한 수습 근무를 조건으로 하고 있는 한, 다른 모든 관리와 그 자격을 같이하고 있다.

근대적 전문관리제도의 이 특징은 우리 독일에 있어서는 정치적 기구의 수장인 장관에게 있어서만 결여되어 있다. 프로이센의 문교장관에는 혁명 이전에 있어서도 스스로 고등교육기관을 방문한 일이 없는 사람도 취임할 수 있었다. 그러나 참사관에는 원칙적으로 규정된 시험에 합격한 사람만이 취임할 수 있었다.

전문교육을 받은 국장과 참사관은 당연히—이를테면 프로이센 문교부의 '알트호프(Althoff)' 밑에서는—전문 계통 고유의 기술적 문제에 관해서는 그 수장보다도 더 많이 알고 있었다. 영국에 있어서도 이 점에 관해서는 조금도 차이가 없다. 따라서 국장이나 참사관은 모든 일상 수요에는 수장보다 더 강력한 존재였다. 이것은 그 자체 아무런 모순된 것이 아니다. 장관은 바로 정치적인 권력 배치의 대표자이며, 이 정치적 권력 간부를 대표하지 않으면 안 되었다. 그의 부하인 전문관리의 제의에 의거하였고, 또는 그들에게 정치적 종류의 적당한 지령을 내리지 않으면 안 되었다.

개인적인 경제 경영에 있어서도 이것과 매우 흡사하다.

즉, 본래의 '주권자'인 주주총회도 경영의 지도에 있어서는 전문관리에 의해서 통치되고 있는 '국민'과 똑같이 세력이 없다.

그리고 경영정책에 대하여 결정권을 행사하는 개인, 즉 은행에 의하여 지배되는 '감사역'은 경제적 지령만을 내리고 관리를 담당하는 사람을 선택하지만 스스로 경영을 기술적으로 지도할 수는 없다. 이 점에 있어서 오늘의 혁명국가의 기구도 근본적으로는 아무런 새로운 의미를 가지는 것이 아니다. 왜냐하면 이 혁명국가는 '기계'라는 무기를 지배함으로써 절대적인 아마추어로 하여금 행정권을 장악케 하고, 전문교육을 받은 관리를 집행적 두뇌와 수족으로 이용하려고 하는 것이기 때문이다. 이 현행 제도의 난점은 이것보다도 다른 점에 있는 것이지만 오늘의 강연에는 아무런 관계가 없다.

오히려 나는 이제 '지도자'이든 그 부하이든 직업정치가의 전형적인 특성을 문제로 삼겠다. 이 특성은 변화하여 왔다. 그리고 오늘날에도 역시 매우 다양하다.

이미 말한 바와 같이 '직업정치가'라는 것은 과거에 있어서 군주가 신분계급과 투쟁했을 때 군주에 봉사하는 사람으로 발달해 온 것이다. 그들의 주요한 형태를 살펴보자.

신분계급에 대하여 군주는 그 계급의 성격을 띠지 않고 또 정치적으로 이용할 수 있는 계층에 의지해 온 것이다. 동인도나 인도지나, 또 불교가 세력을 떨치고 있던 시대의 중국이나 일본 그리고 라마교의 몽고 등에 있어서 승려가 우선 여기에 속하는 것이다.

중세의 기독교 국가도 이것과 똑같은 것이다. 그들 승려는 문자를 알고 있었기 때문에 기술적으로 이 자격을 가지고 있었다. 황제나 군주나 한(汗, Khan)이 귀족계급에 대해서 투쟁하는 경우에 이용할 수 있는 문필적 행정력을 획득한다는 견지에서 정치적 고문으로 바라문교·승려·불교승·라마승을 도입했거나 또는 기독교의 승정과 목사를 이용한 사례가 도처에서 발견된다.

승려, 특히 독신의 승려는 정치적 또는 경제적 이해 활동권 밖에 있었다. 그리고 봉건시대의 봉신(封臣, Lehnmann)이 한 것처럼 그 자손을 위해서 그의 군주에 대항하여, 독자적 정치권력을 획득하려는 유혹에 빠지지는 않았던 것이다. 그는 그의 독특한 신분적인 자격에 의해서 군주의 행정 운영수단으로부터 이탈되어 있었던 것이다.

이런 종류의 제2의 계층은 인문주의적인 교육을 받은 문학자였다. 군주의 정치고문이 되고 또는 정치적 비망록의 출판자가 될 목적으로 라틴어와 그리스어의 시작법(詩作法)을 배운 시대가 있었다. 그것은 인문주의 학파와 '시학(詩學)'의 교수들에 의하여 지도된 왕립 시설이 처음으로 개화한 시대였다.

우리 독일에 있어서는 신속히 지나가 버린 시대였지만, 이 시대는 우리 학교제도에 항상 영향을 끼쳐 왔다. 그러나 정치적으로는 사실상 아무런 깊은 결과를 주지 못했다.

동아시아에서는 이것과 다른 결과를 초래하였다. 중

국의 대관은 본래 문예부흥기의 우리들의 인문주의자가 처했던 입장과 흡사한 존재였다.

먼 과거의 고전에 관하여 인문주의적으로 교육받고 시험을 치른 문학자였다. 여러분들이 만일 이홍장(李鴻章)의 일기를 읽는다면, 그도 역시 시를 짓고 뛰어난 달필가임을 최대의 자랑으로 삼고 있었다는 것을 발견할 것이다.

이 중국 고대에 발달한 관습을 몸에 지닌 계층이 중국의 전체 운명을 결정한 것이다. 그리고 만일 우리들의 인문주의자들이 그 당시에 중국의 문학자와 같은 효과를 가지고, 자기 지위를 확립하려는 최소한도의 기회라도 가지고 있었다면 우리들의 운명도 마침내 중국과 같았을 것이다.

제3의 계층은 궁정귀족이었다. 군주가 귀족에 대해서 그 신분적·정치적 권력을 수탈하는 데 성공한 뒤 군주는 그들을 궁정으로 끌어들여, 정치적·외교적인 봉사에 전용한 것이다.

17세기에 있어서 우리 교육제도의 변혁은 인문주의적인 문학자 대신에 궁정귀족의 직업정치가가 군주에 봉사하기 위하여 출현하였다는 사실에 기인되어 있다.

제4의 범주는 특수한 영국적인 형태였다. 즉, 소귀족과 도시의 금리생활자를 포함하는 귀족인데 전문어로는 신사라고 불렸다. 이것은 기원적으로 본다면 봉건군주가 영주(Baron)에 대항하여 끌어온 계층이었으며, '자치정부'의 관직을 소유시켰던 것인데, 뒤에는 차츰 이 관직과 밀접한 관계를 맺게 된 것이다. 그들은 지방행정의 모든 관직을 독점함으로써 세력을 부식하고, 그들 자신의 사회적 권력을 확보하는 이해관계로부터 뒤에는 이 관직을 무상으로 인수하게 되었다. 그들은 모든 대륙 국가의 운명이 된 관료정치화로부터 영국을 방어한 것이다.

제5의 계층은 대학교육을 받은 법률가이다. 그들은 서양 특히 유럽 대륙에 독특한 것으로 모든 정치적 기구에 대해서 결정적인 의의를 초래하였다. 관료주의적인 후기 로마제국이 개량한 '로마법'의 강력한 영향은 합리주의적인 국가로 발전하였다는 의미에서, 또 정치적 운영의 혁신이 도처에서 교양 있는 법률가에 의하여 성취되었다는 사실에서 가장 현저하게 나타났던 것이다. 거대한 국민주의적 법률가협회가 로마법의 수락을 방해하였음에도 불구하고 영국에서도 이를 받아들였다.

지상의 어느 지역에서도 이러한 유례를 찾아볼 수 없다. 인도의 미마무자 학파(Mimamusa Schule)[10]에 있어서의 합리적·법률적 사고의 모든 경향도, 이슬람에 있어서의 고대 법률사상의 모든 광범한 장려도, 신학적인 사고 형식에 입각한 합리적인 법률사상의 만연을 방해할 수는 없다. 무엇보다도 소송절차가 완전하게는 합리화되지 않았다.

이것은 다만 고대 로마법학, 즉 도시국가로부터 세계 지배로 상승하면서 유일 독특한 성격을 가진 정치형태의 산물을 이탈리아의 법률가가 계승함으로써 성취된 것이다. 중세 후기의 로마법학자나 교회법학자의 '근대적 유행'과 법률가의 사상과 기독교의 사상에서 나왔으며, 뒤에는 세속화된 자연법학설이 이것을 성취한 것이다.

이 법률적 합리주의는 다음의 인사들 중에 그 위대한 대표자를 가졌던 것이다. 그 인사들은 이탈리아 도시공화국의 최고 집행권자(Podestat)[11]나, 귀족의 지배를 국왕의 힘에 의해서 전복시키기 위해 형식적인 수단을 만들어 낸 프랑스 국왕 전속 법률가나 교회법학자나, 자연법 사상을 가진 교회지상주의 신학자나, 대륙 제국의 국왕의 궁정법률가나, 학식 있는 재판관이나, 네덜란드의 자연법학자나, 전제군주 방벌론자(放伐論者)나, 영국의 궁정법률가 및 의회법률가나, 프랑스 의회의 법복귀족이나, 최후에는 혁명시대의 변호사들 중에 위대한 대표가 있었다.

만일 이 법률적 합리주의가 없었다면 절대 전제국가의 성립도, 혁명도 생각할 수 없었을 것이다. 만일 여러분들이 프랑스 의회의 항변서나 16세기로부터 1789년까지의 프랑스 등족회의(等族會議)의 기록을 통독한다면, 법률가의 정신을 도처에서 발견할 것이다. 그리고 만일 여러분들이 프랑스 혁명시대의 국민의회의 직업분류를 자세하게 조사한다면—이 국민의회는 평등선거에 입각하여 선출되었음에도 불구하고—거기에는 다만 한 사람의 프롤레타리아와 극히 소수의 부르주아적 기업가가 발견되는 데 반하여 온갖 종류의 많은 법률가들 또한 동시에 발견할 것이다.

그들 없이는 그 급진적인 지식계급과 그들의 기획을 고무한 그 특수한 정신은 전혀 기대할 수 없었을 것이다. 그 이래로 근대적 변호사와 근대적 민주주의와는 떨어질 수 없는 연관성을 가졌다—내가 의미하는 변호사란 독립적인 지위로서 중세기 이래 서구에만 존재한 것으로 절차의 합리화라는 영향하에 형식주의적 게르만적 소송절차의 '대변자'로부터 발달해 온 것이다.

정당의 발생 이래로 서구정치에 있어서 변호사의 의의는 결코 우연한 것이 아니다. 정당에 의한 정치의 운영은 동시에 이해관계자의 운영을 의미한다—이것이 무엇을 말하고자 하는 것인가는 곧 알게 될 것이다. 그리고 관계자를 위하여 하나의 사물을 극히 유효하게 인도하는 것이 훈련받은 변호사의 직업이다. 그는 이 점에 있어서는—이것은 절대적인 선전의 우월성을 우리들에게 가르쳐 줄 수 있는 것이지만—모든 관리보다도 우수하다. 확실히 그는 논리적으로는 약한 이론에 의하여 지지된 사물, 즉 이 의미에서는 나쁜 사건을 변호하고 승리할 수 있다. 그래서 기술적으로는 '좋게' 지도할 수 있다.

그러나 그는 또 논리적으로는 '강한' 이론으로 지지된 사물, 즉 이러한 의미에서는 좋은 사건도 잘 처리하여 변호하는 데 성공한다. 따라서 이런 의미에 있어서 좋게 지도한다. 정치가로서의 관리는, 이 의미에 있어서 좋은 사건도, 번번히 기술적으로 '나쁜' 지도에 의해서 나쁜 것으로 만들어 버린다. 이런 것은 우리들도 경험했음에 틀림없다. 왜냐하면 오늘날의 정치는 확실히 현저하게, 공개석상에서 발언한 말이나 기술된 어구를 수단으로 하여 운영되기 때문이다. 그 효과를 숙고하는 일은 변호사의 직무 범위에 속하지만, 전문관리의 임무에는 속하지 않는다. 관리는 '데마고그(선동가)'가 아니며, 또 그 목적으로 보아서 '데마고그'가 되어서는 안 된다. 그리고 만일 그가 '데마고그'가 되려고 한다면 매우 나쁜 '데마고그'가 되는 것이 상례이다.

진정한 관리는—이것은 우리 독일의 혁명 이전(앙시앙 레짐)의 통치를 판단함에 있어서는 결정적인 것이지만—그 본래의 직업에 따르면 정치를 할 것이 아니라 무엇보다도 불편부당으로 '행정'을 하여야 한다. 그리고 이른바 '정치적'인 행정관에게도 공식적으로는 적어도 '국가적 이유(Staatsräson)', 즉 지배 질서의 생존에 관한 이해가 문제되지 않는 한 이것은 해당되는 것이다.

그는 '분노도 편견도 없이' 자기의 직무를 처리하여야 한다. 따라서 그는 정치가나, 지도자나, 그 추종자들이 항상 하지 않으면 안 되는 투쟁을 결코 해서는 안 된다.

왜냐하면 편당(偏黨)·투쟁·정열—분노와 열—은 정치가의 요소이며, 특히 정치적 지도자의 요소이기 때문이다. 그의 행동은 관리의 행동과는 판이하고 반대되는 책임의 원리하에 있다. 관리의 명예는—그들의 생각에 반하여—그의 상급관청이 그로서는 잘못된 것이라고 생각되는 명령을 고집할 때에도 마치 그 명령이 자기의 신념과 확신에 일치하는 것처럼, 그 명령자의 책임에 있어서 양심적으로 면밀히 그 명령을 수행하기 위한 능력을 소유하는 데 있는 것이다. 이 최고의 도의적 규율과 자기희생이 없어서는 전체의 기구는 붕괴할 것이다.

이에 반하여 정치적 지도자, 즉 지도적 정치가의 명예는 바로 그의 행위에 대하여 절대적 책임을 진다는 점에 있는 것이며, 그는 이 책임을 부정도 못하고 다른 데 전가도 못하는 것이다. 또 그렇게 하여서도 안 되는 일이다. 도의적으로도 높은 지위에 있다고 생각하는 성격의 관리야말로 나쁜 정치가이다. 특히 정치적 개념의 용어로 말한다면 무책임한 정치가이며, 따라서 이러한 의미에 있어서 도덕적으로 수준이 낮은 정치가이다. 그것은 유감스럽게도 항상 지도적 지위에 가지고 있었던 우리들의 관리가 이러했다.

이것은 우리가 '관료 지배'라고 부르는 것이다. 우리가 결과의 관점으로부터 가치판단을 하여 이 제도의 정치적 과오를 폭로한다 할지라도 우리 관리제도의 명예 위에 참으로 아무런 오점을 남기는 것도 아니다. 그러나 다시 한 번 정치적 인물의 유형으로 되돌아가자.

'데마고그'는 입헌국가의 성립 이래로, 더욱 완전히 말하자면 민주주의 이래 서구에 있어서 지도적 정치가의 전형이다. 이 말의 불유쾌한 부미(副味, Beigeschmack) 때문에 이 이름을 최초로 짊어진 사람은 클레온(Kleon)[12]이 아니라 페리클레스(Perikles)[13]였다는 사실을 잊어서는 안 된다. 관직을 갖지 않고서 또는—고대 민주주의에 있어서 추첨으로 배당된 관직과는 반대로—유일한 선거직인 최고장사(最高將帥, Oberstratege)[14]직을 맡아서 그는 아테네의 데모스의 최고인민총회(Ekklesia des Demos)를 지도한 것이다. 근대의 '데마고그'는 말할 나위 없이 변론을 이용한다. 뿐만 아니라 근대의 입후보자가 하지 않으면 안 되는 선거연설을 고려한다면 양적으로 방대한 범위에 걸쳐서 변론을 이용한다. 그러나 더 한층 영속적인 효과를 가지는 것은 인쇄된 언어를 이용하는 것이다. 정치적인 출판가, 그중에서도 특히 신문기자는 이 종류 가운데서 가장 중요한 오늘날의 대표자이다.

근대의 정치적 '저널리즘'의 사회학을 묘사하는 것만으로도 이 강연의 범위 내에서는 전혀 불가능할 것이다. 그것은 각 관점에서 볼 때, 그 자체로도 별도의 1장(一章)을 필요로 한다. 다만 이 강연에서는 그 근소한 부분만이 취급되는 것이다.

신문기자는 모든 데마고그와 함께, 그리고 더욱—적어도 대륙에 있어서는, 그리고 영국이나 전쟁 전의 프로이센의 상태와는 반대로—변호사(또는 예술가)와 함께 확정한 사회적 분류를 할 수 없다는 운명을 가지고 있다. 그는 '사교계'에 있어서 항상 윤리적으로 최하위에 있는 대표자에 의하여 사회적 평가를 받고 있는 천민 계급에 속해 있었다.

따라서 신문기자나 그들의 사업에 관해서는 극히 진기한 관념이 널리 파급되어 있다. 실제로 뛰어난 신문기자의 업적은 적어도 어느 학자의 업적과 같은 양의 '정신'을 필요로 한다—특히 명령에 따라 즉시 창작하고 그리고 전혀 상이한 창작조건하에서도 즉시 효과를 나타내야 할 필요성 때문에 모든 사람에게 명확하게 이해되어 있지 않다.

신문기자의 책임은 대단히 큰 것이며, 모든 착실한 신문기자의 책임감은 최소한으로 보더라도 평균적으로 학자의 그것보다 결코 적지 않다—오히려 전쟁이 가르쳐 준 바와 같이 보다 많은데—이것은 거의 인정되지 않고 있다. 왜냐하면 실로 무책임한 신문기자의 업적이 종종 가공할 만한 결과를 초래하기 때문에 당연히 사람들의 기억에 남게 되기 때문이다. 더욱이 그 어떤 유능한 신문기자의 사려가 평균적으로 다른 사람들의 그것보다 높다고는 아무도 믿지 않는다. 그러나 실제는 그렇다.

이 직업이 초래하는, 유례 없이 곤란한 유혹이나 현재의 신문기자의 활동에 수반하는 그 밖의 조건은 대중으로 하여금 신문을 경멸과 그리고 가공할 만한 비겁함과 혼합된 감정을 관찰하는 습성에 빠지게 하는 결과를 초래하는 것이다. 그러면 무엇을 할 것인가에 관해서는 오늘의 강연에서는 언급할 수 없다.

여기에서는 신문기자의 정치적인 직업의 운명과 정치적인 지도자의 지위에 도달하여야 할 그들의 기회에 관한 문제가 우리들에게 흥미를 준다. 이 기회는 지금까지는 사회민주당에 있어서만 유리하였다. 그러나 사회민주당 내부에서는 편집인의 지위는 대단히 우월하게도 관리의 지위의 성격을 띠고 있었지만, 그것은 지도자적 지위의 기초는 되지 못하였다.

부르주아 정당 내에 있어서 대체적으로 보면, 전 시대와는 반대로 이 수단에 의하여 정치적 권력으로 상승할 기회는 도리어 감소되어 있었다. 모든 저명한 정치가는 당연히 신문의 영향과 신문과의 관계를 필요로 한다. 그러나 정당 지도자가 신문 계열에서 출연한 사실은—그것을 기대할 것은 못 되었지만—절대적으로 예외였다. 그 이유는 신문기자, 특히 재산이 없는 신문기자, 따라서 직업에 구속되어 있는 신문기자의 '여유 없는 상태'가 대단히 증가해 온 사실 때문이다.

신문기자의 일은 그 긴장도와 현실성이 대단히 증대하여 왔다는 사실에 제약받기 때문이다. 매일 또는 매주 기사를 쓰는 것으로 수입을 얻어야 한다는 것은 정치가의 다리에 통나무를 달아 놓은 것처럼 그를 구속한다.

그래서 나는 지도자가 될 만한 인물이 이 때문에 계속적으로 권력 상승에의 도중에서, 외부적으로 그리고 내부적으로 무력하게 되어 버린 실례를 알고 있다. 혁명 이전의 국가나 정당에 있어서 지배권력층과 신문과의 관계가 저널리즘의 수준에 대하여 얼마나 해로운 것이었나 하는 것은 그것만으로도 일장(一章)을 필요로 한다. 이 관계는 옛 적국[15)]에 있어서는 전적으로 달랐다.

그러나 거기에서도, 또 모든 근대적 국가에서도 저널리즘의 노동자가 정치세력을 획득한다는 일은 더욱더 감소되어—이를테면 노드클리프 경의 예와 같이—자본가적 신문간부가 더욱더 많은 정치세력을 가지게 된다는 원칙이 적용되는 것같이 생각된다.

독일에서는 확실히 오늘날까지 '작은 광고'를 가진 신문과 '정당 색채를 띠지 않는 신문'을 점령해 버린 거대한 자본주의적 신문재벌이 대개 정치적 무관심을 전형적으로 배양한 것이었다.

왜냐하면 자주독립적 정치는 돈을 버는 데는 아무 소용도 없었고, 특히 지배권력의 호의라는 것은 상업상으로는 유익한 점이 없었기 때문이다. 또 광고업은 사람들이 전쟁중, 신문의 정치적 영향력에 대한 실험을 대규모로 행한 방도였으며, 오늘날도 계속하려고 하는 것같이 보인다. 대신문이 광고업을 회피할 것이라고 기대할 수 있다 하더라도 소신문의 처지는 한층 곤란할 것이다.

그러나 여하간 우리들에게는 오늘날 신문기자의 임무가 많은 매력을 가지고 있다 하더라도, 또 많은 영향력과 효과의 가능성, 특히 정치적 책임을 초래한다 하더라도, 결코 정치적 지도자가 대두하는 정상적인 길은 아니다—장차 그렇지 않든가, 아직은 안심을 하든가, 필경 그 어느 쪽을 기대하지 않으면 안 된다. 많은 신문기자들에 의해서—전부는 아니지만—정당하다고 지지되고 있는 익명주의의 포기가 여기서 어떤 변동을 초래할는지 그 여부에 대해서는 언명하기 곤란하다.

우리는 세계대전중 독일의 신문계에 있어서 항상 명백히 그 명의 때문에 표면에 나타난, 특별히 모집된 문필에 재능 있는 인물에 의해서 신문이 지도되는 것을 경험했다. 그러나 그것은 몇 개의 유명한 경우에 있어서, 양양된 책임감이 이 방법으로는 유감스럽게도 사람들이 믿을 수 있었던 것처럼 그렇게 확실히 배양되지는 않는다는 사실을 보여 주었다.

이것으로 판로를 더욱 확장하려고 노력하고, 또 역시 그것에 성공한 악평 높은 가두신문이 부분적으로는—당파의 구별 없이—확실히 존재하였다. 이에 관계했던 사장이나 출판업자나 선동적인 신문기자들은 돈을 벌었지만—확실한 명예는 얻지 못하였다. 그러나 이것을 가지고 원칙 문제에 대해서 운위(云謂)해서는 안 된다.

이 문제는 매우 복잡하며 그와 같은 현상은 일반적으로 통용되는 것은 아니다. 그러나 그것은 지금까지는 정치의 진정한 지도나 또는 책임 있는 운영 방도가 아니었다. 이 관계가 장차 어떻게 형성될 것인가라는 문제는 기대할 만한 것으로 남아 있다. 그러나 모든 환경 하에서 신문기자들의 인생행로는 직업적 정치활동의 가장 중요한 방도의 하나로서 남아 있다.

이것이 누구에게나 다 적합한 길이라는 것은 아니다. 적어도 연약한 성격의 소유자나, 특히 신분상의 안전한 지위에서만 그 정신상의 평정을 유지할 수 있는 사람들은 선택하기 어려운 길이다. 혹시 젊은 학자의 생활이 모험 위에 놓여 있다 할지라도 그의 주위에는 확고한 신분상의 관습이 확립되어 있기 때문에 그를 탈선으로부터 보호해 준다.

그러나 신문기자의 생활은 모든 관점에서 절대적으로 모험적이며, 다른 지위에서는 거의 경험할 수 없는 양식으로 내심에 시련을 겪고 있는 조건하에 놓인 것이다. 이 직업생활에 있어서 종종 맛보는 가중한 경험은 아마 최악 이상의 것이다. 실로 성공한 신문기자에 있어서는 특히 곤란한 내심적 요구가 있게 된다.

이 세상의 권력자가 모이는 '살롱'에서 표면상으로는 같은 입장에서 교제하지만, 사람들이 두려워하기 때문에 일반적으로는 아첨을 받아 가며 교제하고, 그리고 그가 문을 나서자마자 주인은 필경 '신문의 불량배'와의 교제 때문에 다른 손님들에게 변명하지 않으면 안 된다는 사실을 안다는 것은 결코 편안한 일이 아니다—이것뿐만 아니라 또 '시정(市井)'이 요구하는 이것저것에 관하여, 또 모든 인생의 제 문제에 관하여 신속하고 자신 있게 진술해야 한다는 것과, 또 절대적으로 천박하지 않을 뿐 아니라, 특히 자기 폭로에 의하여 자기 인품을 잃지 않고 무자비한 결과에 빠지지 않도록 한다는 것은 정말로 용이한 일이 아니다.

인간적으로 탈선해 버린다든가 또는 무가치하게 되어 버린 신문기자가 많이 있는 것은 결코 놀랄 일이 아니다. 도리어 이러한 모든 사실에도 불구하고 이 계층은 제3자가 쉽게 상상할 수 없을 만큼 가치 있고 아주 진실하며 순수한 다수의 인간을 포함하고 있다는 사실이야말로 놀라운 일이다.

직업정치가의 한 유형인 신문기자가 현저하게 과거로 소급하여 회고될 수 있는 것이라면 정당간부의 형태는 겨우 2, 30년간, 그리고 그 일부분은 2, 3년간의 발전에 속하는 형태이다. 이 형태를 그 발달사적 견지에서 파악하기 위해서는 정당의 본질과 그 조직을 관찰하지 않으면 안 된다.

지방의 주(州, Kanton)의 구획과 관할을 넘은, 즉 어느 정두 광범한 모든 정치적 단체에 있어서, 권력자를 주기적으로 선거하는 경우에 정치적 운영은 필연적으로 이해관계자에 의하여 운영된다. 우선 정치적 생활에 따라 정치적 권력에 참가함으로써 이해를 가지는, 비교적 소수의 사람들이 자유로운 선거운동에 의해서 도당을 만들어 자신과 그 부하를 선거후보자로 입후보시켜 자금을 모으고 득표를 위하여 나선다. 큰 단체에서 이러한 운영 없이 일반적으로 선거가 효과적으로 이루어질 것이라는 사실은 기대할 수 없는 일이다.

실제적으로 이 운영은, 선거권을 가진 국민을 정치적으로 능동적인 요소와 수동적인 요소로 분류한다는 것을 의미한다. 이 구별은 자유의사에 입각한 것이기 때문에 선거 의무라든가 직능대표라든가 혹은 명백히 이 사실에 반대하여 말하면, 직업정치가의 지배에 반대하여 만들어진 제안 등 어떠한 방법으로서도 이 구별을 무시한다는 것은 불가능하다.

부하를 자유로이 획득하고 또 이 부하들로써 지도자의 선거를 위해 수동적인 선거인단을 자유로이 획득하기 위한 능동적인 요소로서, 지도자와 복종자는 모든 정당에 필요불가결한 생활요소이다. 그러나 정당구조는 여러 가지이다. 교황당(Guelfen)이나 황제당(Gibellinen)과 같이 중세도시 등에 있어서의 정당은 순전히 개인적인 정당이다.

만약 사람들이 패배한 교황당의 규약을 주시한다면

귀족—본래부터 기사생활을 했고, 따라서 봉토를 받을 자격이 있었던 모든 일족을 칭하는 것인데—의 재산 몰수나, 관직과 선거권으로부터 그들을 제외한 사실이나, 지방간의 당위원회나, 엄격한 군대식 조직이나, 고발에 대한 상금제도 등은 소비에트나, 엄격히 선발된 군대조직이나—특히 소련에 있어서의—밀정조직이나 '부르주아', 즉 기업가·상인·금권자·승려·제왕의 후예·경찰관 등의 무장해제와 정치적 권력 박탈 및 재산 몰수를 수반한 볼셰비즘(Bolschewismus)을 상기시킬 것이다. 그리고 중세기의 정당의 군대조직은 명부에 따라서 구성된 순수한 기사단이었고, 귀족이 거의 모든 지도적 지위를 차지하고 있었음에 비하여 소비에트는 높은 보수를 받는 기업가나, 청부임금이나, 테일러시스템(Taylor-system)[16]이나 군대 및 공장의 규율을 견지하고, 혹은 오히려 이것을 도입하여 외국의 자본을 전망하였다. 한마디로 말하면 일반적으로 국가운영과 경제경영을 유지하기 위하여 그들이 '부르주아' 계급의 제도라고 공격했던 모든 것을 절대적으로 다시 채용하지 않을 수 없게 된 사실이라든지, 또 그들의 국가 권력의 주요 무기로써 옛날의 오크라니(Ochrana)[17]의 대리인을 다시 활동시키게 되었다는 사실을 보았을 때는 이 양자의 유사점은 더욱 현저하게 나타날 것이다. 그러나 나는 여기서 이와 같은 권력기구를 문제삼을 입장에 있지 않다. 오히려 정당의 분별 있는 '평화적' 운동을 통해서 선거투표장에서 권력을 잡으려고 노력하는 직업정치가에 관해서 논하지 않으면 안 된다.

우리들이 보통 의미하고 있는 이 정당들도, 최초에는 영국에서 귀족계급의 순수한 종속자였다. 한 귀족측에서 어떤 이유로 인하여 정당 소속의 변동이 일어났을 경우에는 그에게 종속하고 있었던 모든 사람들은 동시에 반대 당으로 옮겨가 버렸다. 국왕뿐만 아니고 귀족들의 벌족들도 선거법 개정까지는 광대한 선거구에 걸쳐서 서임권(Patronage)을 가지고 있었다. 이 귀족 정당과 함께 지방 명사의 당이 병립하여 있었다. 이것은 부르주아 계급의 권력의 발흥과 더불어 도처에서 발전하였다.

서구에 있어서는 전형적인 지식계층의 정신적인 지도 하에 '교양(教養)과 소유(Bildung und Besitz)'의 계급 중 일부분은 계급의 이익을 따르고, 일부분은 가문의 전통을 따르고, 일부분은 순수하게 '이데올로기'로 제약되어 그들을 영도해 가는 정당으로 분리되었다.

승려·교사·교수·변호사·의사·약제사·부농가(富農家)·공장주 등—영국에서는 신사로 간주되는 그 전체의 계층—은 최초에는 시사 문제에 관한 단체를 결성하고,

필요한 경우에는 지방적인 정치 클럽을 조직하였다. 동란(動亂)시대에는 소시민 계급도 이에 융합하였고, 또 일반적으로는 그들 속에서 나오는 것은 아니지만 그들에게 지도자가 나타났을 때는 가끔 '프롤레타리아' 계급도 이것에 융합한 적이 있었다.

이 단계에 있어서는 계속적인 단체로서 지방적 조직을 가진 정당이라는 것은 먼 벽지에서도 일반적으로 아직 존재하지 않았다. 상호 연락은 단순히 국회의원이 취하고 후보자를 세우는 데 있어서는 지역적인 명사가 표준이 된다. 정강 일부는, 입후보자 선거운동시의 호소와 나머지 부분은 명사회의 및 의회정당의 결의에 의해서 만들어진다.

순조로운 시대에 있어서의 클럽의 지도자라든지 또는 클럽이 없는 곳에서는(대부분이 그러하였지만) 계속적으로 정치에 흥미를 갖는 소수자에 의한 전혀 형식을 갖추지 않은 정치운영의 임시적인 사업으로써, 또는 부업적이나 명예직으로 행해지고 있다.

일반적으로 신문기자만이 보수를 받는 직업정치가이며 신문경영만이 계속적인 정치운영이다. 이 이외에는 오직 의회의 회기(會期)가 있을 뿐이다.

국회의원이나 의회의 정당지도자에게 하나의 정치 행동이 필요하다고 생각될 때 그들은 그것을 어떤 지방 명사에게 의뢰할 것인가를 잘 알고 있다. 그러나 대도시에서만은 의원의 의회 보고를 듣기 위해서 정당의 집회가 정기적으로 열리는데, 이 정당은 적당한 회비와 정기적인 대회, 그리고 때에 따라 공개대회를 갖는다. 정당활동은 선거 때에만 행하여진다.

지방간 선거 타협의 가능성 여부에 따르는 의원의 이해관계나, 전국적으로 광범한 범위에 걸쳐 승인된 단일적 정강이나, 국내에 있어서의 단일적인 선동의 위력에 대한 의원의 관심은 더욱더 정당결성을 위한 긴장된 원동력을 이룩한다.

그러나 중류 도시에 있어서는 지역적인 정당결성의 조직이 이루어져 이와 함께 '심복자들'의 조직이 전국적으로 형성된다 하더라도—이들과 중앙 정당기관의 지도자로서 의회정당의 일원과 계속적인 통신을 하고 있다 하더라도—하나의 명사 단체로서의 성격은 원칙에 있어 아무런 변경도 없다.

중앙기관 이외에는 아직도 유급역원(有給役員)이 없다. 평상시에 그들이 존경을 받고 있음으로써 지역단체를 지도하는 사람은 실로 '명망 높은' 사람들이었다. 이들은 의회 외부의 명사들이며, 이전에 의석을 가졌었던 의원들의 정치적 명사층과 함께 세력을 행사한다.

정당으로부터 발행하는 정당 통신은 신문의 정신적

영양과 지역적 집회를 확실히 더욱더 조장한다. 규칙적인 회비가 불가결하게 되고 그 일부분은 중앙의 금고에 봉사하지 않으면 안 된다. 그다지 멀지 않은 과거에 있어서도 독일 대부분의 정당조직은 아직도 이 단계에 있었다. 프랑스에서는 부분적으로 아직 이 제1단계가 완전히 지배하고 있다.

즉, 의원의 전혀 불안정한 결합, 먼 벽지에 있어서 소수의 지역적 명사의 존재, 후보자에 의한 정강 또는 의원의 결의나 정강에 다소간 의존하고 있었다 하더라도, 선거운동에 있어서 개개의 경우에는 그들의 보호자가 그들을 위하여 만든 정강 등이 그 특징이다. 우선 부분적으로 이 제도가 무너졌다. 당시 정치를 그 본업으로 하는 사람의 수는 소수였다. 그리고 그들은 대체로 선거된 의원이나, 중앙본부의 소수의 역원이나 신문기자나 그리고—프랑스에서는—그 밖에 하나의 '정치적 직무'에 재직하였거나, 또는 일시적으로 그렇게 되려고 노력한 저 엽관배들로 정당이 조직되어 있었다.

정치는 형식적으로는 현저하게 부업이다. '장관의 자격이 있는' 의원의 수도 소수로 한정되어 있었고, 명사로서의 성격 때문에 선거후보자의 수도 한정되어 있었다. 그러나 간접적으로 정치적 운영에, 특히 물질적으로 이해관계를 가진 사람의 수는 매우 많다.

왜냐하면 한 내각의 모든 조치도, 특히 개인 문제의 모든 해결도 그것이 선거의 기회에 어떠한 영향을 끼칠 것인가라는 문제를 고려함으로써 시작하였다. 그리고 모든 종류의 희망을 사람들은 지방의원의 매개에 의해서 관철하려고 기도하였던 것이다. 이 의원에 대하여 장관은, 만일 그가 다수당에 소속하고 있을 때는—따라서 모든 사람들이 다수당에 속하려고 노력한 것이지만—좋건 나쁘건 말을 듣고 따라가지 않으면 안 되었다.

개개의 의원은 그의 선거구의 모든 사무에 대하여 관직 수여권이나 일반적으로 모든 종류의 임면권 같은 것들을 가지고 있었다. 그리고 그 자신이 재선되기 위하여 지방적인 명사와 결탁하고 있었다.

이 명사계급, 특히 국회의원의 지배라고 하는 소박한 상태에 대하여 이제는 최근대적 형태의 정당조직이 날카롭게 분리, 대립한다. 이 형태는 민주주의의 소산물이며, 대중의 선거권과 대중운동 및 대중조직의 필연성과 지도의 최고 단일성 및 가장 엄격한 규율의 발전에서 나온 소산물이다. 명사의 지배와 국회의원에 의한 지도는 정지된다. 의회 밖의 '본업적' 정치가가 그 운영을 장악한다. 혹은 '기업가'로서—미국의 '보스'나 영국의 선거대리인도 그 본질상 그것이었던 바와 같이—또는 확실한 유급역원(有給役員)으로서 그 운영을 장악한다.

형식상으로는 민주정치화가 훨씬 진전되는 것이다. 이렇게 되면 의회의 분파가 표준적인 정강을 작성하지 않으며, 지역적 명사가 후보자의 입후보를 좌우하지 않는다. 오히려 조직화된 정당원의 집회가 후보자를 선택하며 보다 높은 단계의 집회에 당원을 파견한다.

이것은 일반적인 '당대회'에 이르기까지 가능한 한 많이 존재한다. 그러나 사실상 당 운영 내부에서 계속적으로 일하는 사람이나—이를테면 정치적인 이해자의 거대한 클럽 타마니 홀(Tammany Hall)[18]의 보호자나 지도자로서—그 당 운영의 경로에 있어서 금전상 또는 개인적으로 종속되고 있는 사람들 손에 권력이 놓여 있는 것은 당연한 것이다.

중요한 것은, 이 전체의 인적 기구가—'앵글로색슨' 제국에서 특별히 명명(命名)하고 있는 것처럼 '기계(機械)'가—또는 오히려 이 기구를 지도하는 사람들이 국회의원에 대하여 도전하고, 이에 대해서 그들의 의사를 어느 정도 주입시켜 강제하는 위치에 있다는 사실이다. 그리고 이 사실은 정당의 지도의 선택에 있어서 특별한 의의를 가지고 있다. 이제 지도자는 그 기계가 의회의 머리를 넘어서시라도 그에게 복종하는 것이 된다. 이와 같은 기계를 만드는 것은 다른 말로 말하면 인민투표적 민주주의의 발단을 의미하는 것이다.

정당의 당원들 중, 특히 정당간부와 정당기업가는 그들 지도자의 승리에서 개인적인 보수인 관직이나 기타의 이익을 당연한 것처럼 기대하고 있다. 여기서 중요한 것은 다음의 사실이다. 즉, 그들은 그것을 지도자로부터 기대하는 것이고, 개개 의원이나 또는 적어도 개개 의원만으로는 기대하지 않는다는 사실이다. 그들은 특히 지도자의 인격 가운데 '데마고그'적 작용이 선거전에 있어 투표와 위임과 권력을 정당에 이끌어 올 것을 기대하고 있으며, 또 그것에 의하여 자신을 위하여 그 희망하는 보수를 발견할 수 있는 그들 일파의 기회가 가능한 한 확대되기를 기대하고 있다.

그리고 관념적으로는 한 사람의 인간에 대한 신뢰성 있는 개인적 헌신에 의해서 일하는 것이고, 평범한 인물들로 구성된 정당의 추상적인 정강만을 위하여 일하는 것은 아니라는 만족감이―이것은 모든 지도 관계의 '카리스마'적인 요소이다―하나의 동기로 되어 있다.

각양각색의 형태로 그들의 세력 보존을 위하여 투쟁하고 있는 지방적 명사와 국회의원과의 끊임없는 잠재적인 투쟁에 있어서, 이 형태는 난관을 돌파하여 왔다. 우선 합중국의 부르주아 정당에 있어서 그러했고, 다음은 특히 독일의 사회민주당에 있어서 그러했다. 일반적으로 인정된 지도자가 없어지자마자 끊임없는 반격이 일어났으며, 또 그가 거기에 있었다 하더라도 모든 종류의 양보가 정당 명사의 허영심과 당파심에 대하여 행해지지 않으면 안 되었다.

그런데 특히 기계 자체도 규칙적인 일상 사무를 맡아 보는 정당간부의 지배하에 들어갈 수 있다. 많은 사회민주적인 계층의 견해에 따르면, 그들의 정당은 이 '관료정치화'에 빠져 버린 것처럼 보인다. 그럼에도 불구하고 이 '간부진'은 데마고그적으로 강력하게 작용하는 지도자의 인격에 대해서 비교적 쉽게 순응한다.

왜냐하면 그들의 물질적·사상적인 이익은 지도자에 의해서 기대된 정당 권력의 성과와 대단히 밀접하게 결합하고 있기 때문이며, 한 사람의 지도자를 위해서 일하는 것이 그 자체 내심으로 만족을 주기 때문이다―부르주아 정당에서 많이 볼 수 있는 것같이―이 역원과 병행하여 '명사(名士)'가 정당에 대한 영향력을 장악하고 있는 곳에서, 지도자들의 대두는 한층 곤란하게 된다. 왜냐하면 명망가들은 그들이 점유하고 있는 간부회나 위원회의 위원수당으로 그들의 생활을 이상적으로 영위하고 있기 때문이다.

새로운 사람(homo novus)[19]으로의 데마고그들에 대한 원한과 성당정치의 경험의 우월성에 대한 확신―이것은 확실히, 그리고 매우 중요한 의의를 갖는 것이지만—그리고 낡은 정당의 전통 붕괴에 대한 관념상의 우려가 그들의 행동을 결정한다. 그리고 정당 내에 있어서 그들은 모든 전통주의자적 요소를 스스로 보존하고 있다.

특히, 지방 선거인이나 또 소시민적 선거인도 옛적부터 그들이 신뢰하고 있었던 명사의 이름을 우러러보는 것이고, 그들이 알고 있지 않는 인간은 설혹 그 사람이 스스로 성과를 올렸다 하더라도 이제 그에게 확고하게 종속하기 위해서 그를 신뢰하지 않는 것은 물론이다.

그러면 이 두 가지 기구 형태 간의 투쟁의 몇 가지 중요한 실례와 특히 오스트로고르스키(Ostrogorski)[20]에 의하여 진술된 국민투표 형식을 살펴보자.

먼저 영국을 보자. 거기서의 정당조직은 1868년까지 거의 순수한 명사조직이었다. '토리당(Tories)'은 지방에서는 영국 국교회의 목사와 함께—대부분은—학교 교사나 특히 해당 주의 대지주들에 의해서 지지되고 있었다. 이에 대해서 휘그당(Whigs)은 대부분 비국교회파(非國敎會派)의 설교사(이것이 존재한 곳에서는 어디든지)나, 역마차의 소유주나, 대장장이나, 재봉사나, 제승자(製繩者)나—사람들이 그들과 가장 많이 잡담할 수 있기 때문에—그것으로부터 정치적 영향이 나올 만한 직공들에 의하여 지지되고 있었다. 도시에서의 정당은 경제적인 정당관(政黨觀)과 종교적인 정당관, 그리고 단순히 그 운영의 담당자이다. 그 위에 내각과 각의 또는 반대 당의 의장이었던 '리더(leader)'를 가진 의회와 정당이 매달려 있었다.

이 리더는 그 측근에 정당조직의 가장 중요한 직업정치가적인 '원내간사(院內幹事, whip)'를 두고 있었다. 그의 수중에는 관직 임면권이 놓여 있었다. 따라서 엽관배들은 그에게 의뢰하지 않으면 안 되었다. 그는 이 점에 관하여 각 선거구의 대표자들과 협의한 것이다.

이 대표자들 중에 직업정치가의 계층이 차츰 발달하기 시작했다. 즉 그 사이, 최초에는 무급(無給)으로, 대체로 우리 독일의 '심복자'의 지위를 차지하고 있던 지방적인 대리인이 모집되어 왔다. 그러나 이것과 함께 선거구에 있어서 자본주의적 기업가의 형태인 '선거대리인'이 발달하여 왔다. 이 존재는 영국의 근대적인 선거의 공정을 확보하는 입법에 있어서 불가피한 것이다.

이 입법은 입후보자에 대해서 선거에 비용이 얼마나 들었느냐를 보고할 의무를 부과함으로써 선거비용을 통제하고 금력의 지배에 반대하도록 기도된 것이다.

왜냐하면 입후보자는—이전에 독일에서 일어난 것보나 너—그의 음성을 혹사하는 외에 돈주머니를 꺼내는 일에 쾌락을 느끼고 있었기 때문이다.

선거대리인은 입후보자로부터 개산액(槪算額)을 받았으나 그때 그는 좋은 장사를 하는 것이 통례였다—의회에 있어서나 지방에 있어서 리더와 정당 명사 간에 권력을 분배함에 있어서, 전자는 영국에서 옛날부터 위대한 그리고 동시에 안정된 정치를 가능케 한다는 절실한 이유에서 매우 중요한 지위를 차지하고 있었다. 그러나 끊임없이 의원과 정당 명사와의 영향은 아직 현저한 것이었다.

그래서 대체로 낡은 정당조직의 절반은 명사의 관리이고, 절반은 이미 종업원과 기업가와의 경영과 같은 느낌을 주었다. 그러나 1868년 이래 최초에는 버밍검(Birmingham)의 지방선거에 있어서, 다음에는 전국에 걸쳐서 코커스 시스템(지방선거 위원제도)이 발달하여 왔다. 한 사람의 비국교회파(非國敎會派)의 목사와, 조셉 쳄벌린(Joseph Chamberlain)[21]이 이 제도에 활기를 주었다. 그 동기는 선거권의 민주주의화였다.

대중을 획득하기 위하여는 민주적으로 보이는 단체의 거대한 기구에 활기를 주어 모든 도시의 시가에 선거 단체를 만들어 끊임없이 그 운영을 활발하게 하고, 모든 것을 엄중히 관료조직화하는 일이 불가피하게 되었다.

유급(有給)의 고용 직원이나, 선거인의 1할로 조직된 지방선거 위원회로부터 선출된 보궐선거권을 가진 주요

중개인이 정당정치의 형식적 담당자로서 증대해 갔던 것이다. 그 원동력은 지방정치, 특히 시·읍·면의 지방정치―이것은 도처에서 가장 풍부한 물질적인 기회의 원천이었지만―에 홍미를 가진 계층이었으나, 이것은 또한 재계로부터 돈을 조달한 것이다.

이 새로이 성립한, 벌써 의회인에 의해서 지도되지 않는 이 기계는 즉시 이때까지의 권력자, 특히 원내간사와 투쟁하지 않으면 안 되었던 것이다. 그러나 그들은 지방적인 이해관계자의 지지를 받아 이 투쟁을 승리로 이끌었기 때문에 그 원내간사는 스스로 양보하고 그들과 협정을 맺지 않으면 안 되었다. 그 결과로 전체의 권력이 소수의 사람에게, 최후에는 정당의 선두에 서 있는 한 사람에게 집중되었던 것이다. 그런데 자유당의 전체 조직은 글래드스턴(Gladstone)[22)]이 권력적 지위로 상승하는 것과 관련되어 성장해 왔다.

글래드스턴의 위대한 데마고그로서의 매력과 그의 정치적 윤리의 내용과 특히 그의 인격에 대한 대중의 확고한 신뢰가, 이 기계로 하여금 그렇게 빨리 명사들과 싸워서 승리를 거두게 하였던 것이다. 정치에 있어서 독재군주적·인민투표적 요소의 선거전의 독제자가 이 계획을 실천하여 갔다. 이것은 매우 빨리 실현되었다. 1877년에는 코커스(지방선거 위원)가 처음으로 국회의 선거에 활동하였다.

그 결과 디즈레일리(Disraeli)[23]로 하여금 그의 위대한 공적의 한가운데서도 실각시킨다는 빛나는 성과를 거둔 것이다. 1866년에 이 기계는 벌써 완전히 카리스마적으로 그 인물에 의하여 교도(敎導)되고 있었기 때문에 아일랜드의 자치 문제(Homerule)가 전개되었을 때에는 이 전체의 기구는 위로부터 아래까지 '우리들은 객관적으로 글래드스턴의 편에 따라야 할 것인가?'라고 반문하지는 않았다.

오히려 간단히 글래드스턴의 말에 따라서 그와 함께 방향을 바꾸어, "그가 어떤 일을 하든 우리는 따르겠다."고 말하였다. 그리고 그 기구의 본래의 창조자인 쳄벌린을 묵살해 버린 것이다.

이 기계조직은 대단히 많은 인적 기구를 필요로 한다. 직접 정당정치에 의하여 생활하는 사람이 영국에서는 거의 2천 명이나 존재했다.

순수한 엽관자로서 또는 정치에 대한 이해관계자로서 협동하는 사람들은, 특히 자치단체의 정치 이면에는 실제로 그 수가 매우 많은 것이다. 경제상의 기회와 병행하여 유능한 코커스의 정치가에게는 허영심을 만족시킬 기회도 있었다. 치안판사나 국회의원이 되는 것은 당연히 최고의 정상적인 명예욕이 지향하는 목표이다. 또 이것은 좋은 육아실을 자랑삼아 가지고 있는 것 같은 사람들, 즉 신사였던 사람들에게 부여되는 것이다. 특히 거액의 자금 제공자에 대하여는—정당의 재정은 필경 50퍼센트까지는 익명의 기부자의 출자에 의존하고 있었다—귀족의 고관 현직이 최고 목적이었다.

이 전체 조직의 효과는 어떠하였는가. 현재 영국의 의원은 내각 안에 2, 3인의 각료와 몇 사람의 인물들을 제외하면 보통 잘 훈련된 선거 심복에 불과하다는 것이다.

우리 독일의 연방의회에서는 적어도 개인적인 통신의 처리를 통하여 그의 의석 앞의 테이블 위에서 국가의 행복을 위하여 활동하고 있다는 것을 기록하는 것이 통례였다. 영국에서는 이와 같은 짓은 바랄 수 없는 일이다. 의원은 다만 투표할 의무만을 가지고 있고 정당을 도저히 배반할 수 없다.

만일 원내간사가 그때그때 사정에 따라서 내각이나 또는 반대 당의 당수가 지령한 것을 시키기 위하여 부를 때 그는 반드시 나타나지 않으면 안 된다. 그 위에 더욱 먼 벽지에 있는 코커스 기계는 거기에 강력한 지도자가 있을 경우에는 거의 주건(主見)도 없이 지도자의 수중에 들어가 있었다. 따라서 외회 위에는 사실상 인민투표에 의한 독재자가 서 있다. 그는 그 '기계'의 중개를 통하여 대중을 그 배후에 거느린다. 그에게 의원들은 그의 지배하에 서 있는, 단지 정치적 수록자에 불과하다.

그러면 이 지도자의 선택은 어떻게 하는가? 우선 첫째로 어떤 능력에 따라서 행해지는가? 이에 대해서는—세계의 도처에서 결정적 요소가 되는 의사에 이어—특히 선동적 연설의 힘이 결정적 요소가 되는 것은 당연한 일이다.

이 연설의 방법은 콥던(Cobden)[24]과 같이 이성에 호소하는 시대로부터 글래드스턴과 같이 표면상은 아무런 과장도 없이 '사실로 하여금 말하게 하는' 기술가의 시대를 거쳐, 현대에 이르는 대중을 활동시키기 위해서는 순수하게 감정적으로 구세군이라도 사용할 것 같은 수단에 호소하는 단계로 변화해 왔다.

사람들은 오늘날과 같은 상태를 '대중의 감정을 이용하는 것에 입각한 독재'라고 부를 수 있다—그러나 영국 의회에 있어서 대단히 발달한 위원회 활동조직은 이것을 가능케 하며, 또 지도에 참가하려는 모든 정치가로 하여금 거기에서 협력할 것을 강요한다. 과거 2, 3년간의 모든 탁월한 장관들은 이 매우 현실적이고 효과적인 실습을 받아 왔다. 그리고 실제로 의회에서의 보고와 공개석상에 있어서 비판하는 관습은 이 실습이 단순한 데마고그들을 배제하고 지도자를 유효하게 선택하는 것을 의미하게 되었다.

영국에서는 이러했다. 그러나 그곳의 '코커스 시스템'은 미국의 정당조직에 비교하면 미미한 형태에 불과하다. 미국에서는 국민투표의 원리를 특별히 조속하고, 또한 순수하게 명료한 형태로 제시하였다. 워싱턴(Washington)[25]의 미국은 그의 이념에 따르면 '신사(紳士)'에 의하여 관리된 공동체가 아니면 안 되었다. 신사란 그 당시는 지주라든가 또는 대학교육을 받은 사람이었다.

사실 최초에는 그러했다. 정당이 결성되었을 때, 최초의 하원의원들은 마치 영국의 명사시대와 같이 지도자가 되려고 요구한 것이다. 정당조직은 전혀 완만했다. 이 상태가 1824년까지 계속되었다. 벌써 20년대 이전에 많은 지방자치 단체에서는—이것도 근대적 발전의 최초의 장소이기는 하였지만—정당 기계가 발전하고 있었다. 그러나 서부 농민의 입후보자인 앤드루 잭슨(Andrew Jackson)[26]이 대통령에 당선되었을 때, 이 낡은 전통은 전복되었다.

지도적 의원에 의한 정당지도의 형식적인 종말은—캘로운(Calhoun)[27]과 웹스터(Webster)[28] 등의—위대한 의회인이 정치생활에서 배제된 1840년 이후 급속하게 시삭된 것이다. 왜냐하면 의회는 먼 벽지에 있는 정당기계에 대하여 거의 모든 힘을 상실하였기 때문이다.

미국에 있어서의 국민투표적인 '기계'가 그렇게 조속히 발달한 것은 다음과 같은 사실에 그 이유가 있는 것이다. 이것은 미국에 있어서만 해당되는데, 행정집행부의 수령과—이에 관계가 있었지만—관직 수여권의 수령이 국민투표에 의해서 선출된 대통령이며, 그는 '권력분립'의 덕택으로 그 직무수행에 있어 의회로부터 거의 독립하고 있었다는 데 그 이유가 있었다. 따라서 관직수록의 풍부한 약탈 대상이 바로 대통령선거시의 승리의 보수로 초래되었다. 이를 극단적으로 실행한 것이, 앤드루 잭슨에 의하여 체계적으로 원칙에까지 높여진 엽관제였다.

이 엽관제—모든 연방관직을 승리한 후보자의 추종자들에게 분배해 주는 제도—는 오늘날의 정당구성에 있어서 어떤 의의를 가지고 있을까. 전혀 주견이 없는 정당이 서로 대립하는 일이 있는데, 이러한 정당은 개개의 선거전에 있어 투표 획득의 기회에 따라서 그 정강을 변경하여—모든 유사점에도 불구하고 다른 곳에서는 유례가 없을 정도로 변경해 가는 순수한 엽관배의 조직이다.

정당은 오로지 연방정부의 대통령의 지위나 각 주의 지사의 지위와 같은 관직 수여권에 대해서 가장 중요한 지위를 둘러싼 선거전을 목표로 하여 이루어진다. 정강과 입후보자는 당의 '전국대회'에 있어서 의원으로부터 간섭받지 않고 확정된다. 따라서 당대회에 의하는 것이지만 이 당대회는 형식적으로는 대단히 민주적으로 대표자 집회에서 파견된 것이며, 이 집회는 또 한편 그 대표권을 당의 제1차 선거인 예비선거에서 위임받는다.

벌써 예비선거에서 대표자들은 대통령 후보자의 명의에 있어서 선거되는 것이다. 개개 정당의 내부에 있어서는 '지명' 문제를 둘러싸고 가장 치열한 투쟁이 벌어진다. 대통령의 수중에는 항상 30만 내지 40만 명의 관리 임명권이 있다. 이 관리 임명은 대통령에 의하여 각 주 상원의원의 승인하에서만 실행되는 것이다.

따라서 상원의원은 강력한 정치가이다. 이에 반해서 하원의원은 관직 임명권이 없기 때문에 정치적으로는 상대적으로 매우 무력하다. 모든 사람에 대해서나 의회에 대해서나 국민에 의하여 그 권리가 인정되고 있는 대통령의 순수한 조력자인 각료는 의회의 신임과 불신임에 관계 없이 독립하여 그들의 직무를 수행할 수 있다. 이것은 '권력 분립'의 결과이다.

이와 같이 해서 유지되었던 엽관제는 미국에서는 기술적으로 가능하였다. 왜냐하면 미국 문화의 청년기는 순수한 '아마추어' 경제에 견딜 수 있었기 때문이다. 그들의 정당에 대하여 충실히 봉사하였다는 사실 이외에는 그들의 자격에 있어서 채택할 만한 것이라고는 아무것도 없는 30만 내지 40만의 정당인에 있어서 이러한 상태가 존재하는 한 커다란 재화(災禍), 즉 유례 없는 부패와 낭비 없이는 존재할 수 없었던 것은 자명한 이치이다. 다만 아직도 경제적 기회를 무진장 가진 국가만이 이것에 견디어 왔던 것이다.

이 국민투표적인 정당기구의 조직과 함께 표면에 등장하는 형태가, 즉 '보스'이다. 보스란 무엇일까. 그의 계산과 위험에 의하여 투표를 얻는 정치적 자본주의적 기업가이다. 그는 변호사로서, 술집 주인으로서 혹은 이와 유사한 경영의 주인으로서, 또는 금전대부업자로서 그와 최초의 관계를 맺었다.

거기에서부터 그는 그의 조직망을 확대하여 일정한 투표수를 좌우할 수 있게 된다. 여기까지 성공하면 다른 보스와 제휴하고 열성과 숙련과 특히 신중성 때문에 그 경력에 있어서 벌써 성공한 사람들이다. 그리고 그는 거기에서부터 대두해 간다. 보스는 정당의 조직에 불가결한 것이다. 정당조직은 그 수중에 집중되고 있다. 그는 주로 자금을 마련한다.

그는 어떻게 자금을 마련하는가?

그 일부는 당원의 기부에 의하여 마련되며, 특히 그와 그의 정당의 덕택으로 관직에 취직된 관리들의 봉급에 과세하여 만들어 내는 것이다. 그 다음으로 수회금(收賄金)과 술값에서 빼낸다. 무수한 법률의 하나라도 위반시는 처벌되지 않으려면 보스의 묵인을 필요로 하며, 그 대신 그들에게 돈을 지불하지 않으면 안 된다. 그렇게 하지 않으면 그에게는 틀림없이 불쾌한 일이 생긴다.

그러나 이것만으로 필요한 운영자금은 충분하지 않다. 보스는 대재벌로부터 자금을 직접 수령하는 자라는 점에서도 불가결한 존재이다. 이 재벌들은 유급(有給)의 정당간부들이나 또는 어떤 공적 회계를 취급하는 사람들에게는 결코 선거 목적을 위한 자금을 위탁하지 않을 것이다. 금전 관계에 있어 현명한 생각을 가진 보스가 선거자금을 담당하는 그 자본가 계급의 부하가 되는 것은 당연한 일이다. 전형적인 보스는 절대적으로 분별 있는 사람이다.

그는 사회적인 명예를 추구하지 않는다. '연업적(聯業的)'인 사람은 '상류사회'의 내부에서는 멸시당하기 때문이다. 그는 절대적으로 권력을 추구한다. 그리고 권력 그 자체를 위해서 권력을 추구한다. 그는 암흑 속에서 일한다.

이것은 영국의 리더와는 반대이다. 사람들은 그가 공석상에서 연설하는 것을 듣지 못할 것이다. 그는 연설자에게 대하여 유용한 방법으로 말하지 않으면 안 될 것을 시사하면서도 그 자신은 침묵을 지키고 있다. 그는 연방 상원의원 이외의 관직에는 대체적으로 취임하지 않는다. 왜냐하면 상원의원은 헌법에 의해서 관직임명권에 관여하고 있기 때문이다. 지도적인 보스는 종종 스스로 이 단체에 자리를 두고 있다. 관직의 수여는 첫째로 정당에 대한 공적에 따라 수여된다.

그러나 또 자금제공에 대한 낙찰도 가끔 행하여진다. 그리고 개개의 관직에 대해서 일정한 과세가 있다. 이것은 곧 교회국가까지도 포함해서 17, 8세기의 전제 군주들이 알고 있었던 저 관직판매제도이다.

보스는 확고한 정치상의 '주의'를 가지고 있지 않다. 그에게는 정견이 없으며, 다만 어떻게 하면 표를 획득하느냐를 문제삼을 뿐이다. 대체로 그들은 나쁘게 교육받은 인간인 경우가 많다. 한편 사생활에 있어서는 비난할 여지없이 올바른 생활을 하는 것이 보통이다. 다만 그의 정치적 윤리에 있어서, 기존 정치행동의 평균적 윤리에 자신을 적응시키는 것도 당연한 일일 것이다. 이것은 우리들의 다수가 세계대전중 식량저장 시대에 있어서 경제적 윤리의 분야에서 행한 것을 당연시한 것과 마찬가지이다.

사람들이 그를 '직업적'이라고 또는 직업정치가라고

사회적으로 경멸하는 것을 그는 조금도 개의치 않는다. 그 자신은 연방의 고위관직에 취임하는 일이 없으며, 또 취임하려고 하지도 않는데, 이 경우에는 다음과 같은 이점을 가지고 있다.

만약 보스들이 선거에 매력을 느낀다면 정당과 무관한 인텔리겐치아나 명사들이 입후보하게 되는 일이 드물지 않으며, 우리들에 있어서와 같이 낡은 정당 명사들이 몇 번이고 계속 입후보하는 일은 결코 없다는 사실이다.

이 사회적으로 멸시당한 권력자를 가진 무정견(無定見)한 정당조직이야말로 유능한 인재를 대통령의 지위에 취임시킨 것인데, 이와 같은 일은 우리 독일에서는 여태껏 없었을 것이다. 보스들은 그들의 금력과 권력의 원천에 대해서 위험이 될 수 있는 국외자(局外者)에게는 물론 반항한다. 그러나 선거인의 인기를 획득하기 위한 경쟁에 있어서, 그들은 부패조직의 반대자로 인정되는 입후보자의 용납조차 감수하지 않으면 안 되었던 것도 드물지 않았다.

그리하여 여기에 상하 일관하여 엄중히 조직화된 대단히 자본주의적인 정당운영이 출현하게 되는데, 이것은 '타마니 홀'과 같이 매우 견고한 결사처럼 조직된 클럽에 의해서 지지되고 있다. 이 타마니 홀은 특히 시정

(市政)—여기서는 최대의 약탈 목표이지만—을 정치적으로 지배하는 것에 의하여 독점 배타적인 이익의 추구를 위하여 노력하는 것이다.

이 정당생활의 구조는 '신대륙'인 미국의 고도 민주주의 덕택으로 가능하였다. 이제 이러한 관계는 이 조직이 서서히 붕괴해 가는 과정에서 파악된다는 것을 약속하고 있다. 미국은 벌써 아마추어에 의해서만 통치될 수는 없게 되었다. 15년 전만 하더라도 '어째서 당신들 자신이 경멸한다고 선언한 정치가들에 의해서 통치당하고 있는가'라는 질문에 대해서 미국 노동자들은 '우리들은 당신들처럼 우리에게 침을 뱉는 관리계급보다는 차라리 우리가 침을 뱉는 인간을 관리로 갖고 싶기 때문이다'라는 대답을 하였던 것이다.

이것이 미국 '민주주의'의 낡은 입장이었다. 사회주의자들은 그 당시부터 벌써 생각을 전혀 달리하고 있었다. 이미 그 상태는 참을 수 없게 되었고 아마추어 행정으로서는 불충분하게 되었다. 관리제도 개혁은 종신 연금을 받는 지위를 끊임없이 증가해 갔다. 그리고 우리 독일에 있어서와 같이 대학교육을 받고 청렴하고 유능한 관리가 관직에 취임하는 결과를 초래했다. 꼭 10만 명분의 관직은 이제 벌써 선거 순위에 따른 약탈 목표가 되지 않고 도리어 연금이 붙고 자격증명서와 결부되고 있었다. 이러한 관리제도의 개혁은 엽관제도를 더욱더 서서히 후퇴시킬 것이다. 그리고 정당지도의 방법도 그와 동시에 필경 개선되어 갈 것이다. 그것이 어떻게 될는지는 우리도 아직 모르는 일이다.

독일에 있어서 정치운영의 결정적인 조건이 이때까지는 주로 다음과 같았다. 첫째로는 의회의 무력이다. 그 결과로 지도자로서의 소질을 가진 인간은 아무도 계속적으로 의회 내에 들어가지 않았다는 것이다.

의회 내에 들어가려고 할 경우를 가정하더라도—그곳에서 무엇을 할 수 있었을까. 한 관청의 지위가 공석이 되었을 때, 해당 행정장관에 대하여 '나의 선거구에 매우 유능한 인물이 한 사람 있는데 그가 그 지위에 적합하다고 생각되니 그를 채용해 주시오'라고 말할 수 있을 것이다. 그래서 그 일은 기꺼이 실현되었다. 그러나 이것은 한 사람의 독일 의원이 그의 권력 본능—가령 그와 같은 것을 가지고 있다고 하여—을 만족시키기 위해서 취할 수 있는 전부였다. 그 다음에는—이 두번째 요인이 첫번째 요소를 제약한 것이지만—독일에 있어서의 훈련된 전문관리제도의 중대한 의의가 대두해 왔다. 이 점에 관해서 우리들은 세계 제일이다.

이 의의는 이 전문관리제도가 비단 전문관리로서의 지위만이 아니라 각료의 지위까지도 스스로 요구한다는 사실을 초래한 것이다. 이것은 '바이에른' 국회에서 있었던 일인데, 작년에 의회정치의 강화가 토론의 제목이 되었을 때, 만약 의원을 각료의 자리에 앉힌다면 유능한 인재는 결코 관리가 되지 않을 것이다라는 말들이 있었던 것이다. 이 관료행정은 더욱 영국의회에 있어서 위원회의 토론이 의미하는 종류의 통제를 조직적으로 거부했다. 그리고—소수의 예외는 별도로 하고—의회로 하여금 그 가운데서 현실적으로 유능한 행정장관을 양성하는 것을 불가능하게 한 것이다.

세번째의 특징은 우리 독일에서는 미국과는 반대로 정치적 정견을 가진 정당을 가지고 있다는 것이다. 이 정당은 그 당원이 '세계관'을 대표하는 것을 적어도 주관적인 선의로 주장한 것이다. 그러나 이 정당들 가운데 한쪽에 중앙당과 다른 쪽에 사회민주당이라는 두 개의 가장 중요한 정당은 본래부터 소수 당이었으며, 전적으로 그들 고유의 견해에 입각했던 것이다.

독일 국가에 있어서 지도적인 중앙당 소속의 계층은 소수가 되는 것을 두려워한 나머지, 그리고 정부에 대한 압력에 의해서 이제까지와 같이 엽관자들의 취직 알선을 하기가 곤란하게 될 것을 두려워했기 때문에, 의회주의에 반대라는 것을 결코 감추지 않았던 것이다. 사회민주당은 일반적으로 소수당이었다. 그리고 지금의 부르주아적 정치질서를 가지고 자신을 더럽히려고 하지 않았기 때문에 의회정치 강화의 장애가 되었다.

이 두 개의 정당이 의회정치의 조직으로부터 배제되었다는 사실이 의회주의의 정치를 불가능하게 한 것이다.

그때에 독일의 직업정치가들로부터 무엇이 나왔는가. 그들은 아무런 권력도 없고 아무런 책임도 가지지 않고 거의 제2차적인 명사적 역할을 할 수 있음에 불과했다. 그리고 그 결과로 최근에는 도처에서 전형적인 당파적 본능으로 고무되어 있다.

그들의 미약한 지위로부터의 수입으로 생계를 유지한 이 명사들의 모임에서는, 그들과 다른 유형의 인물이 출세한다는 것은 불가능하였다. 나는 사회민주당도 당연 그 속에 포함시켜 모든 정당에서 그 인물이 지도자의 소질을 가지면서, 바로 그 때문에 명망가들로부터 용납되지 못한 정치적 행로의 비극을 의미한 수많은 이름을 지적할 수 있다. 우리의 모든 정당은 그 명사 조합으로 발전하는 길을 걸어갔던 것이다.

예를 들어 베벨(Bebel)[29]은, 그의 지력은 대단한 것이 아니지만 그의 성격의 열정과 순진성에 있어서는 여전히 한 사람의 지도지였다. 그가 순교자이며 대중의 신뢰를 아직(그들 눈앞에서) 배신하지 않았다는 사실은, 그로 하여금 대중을 절대적으로 배후에 거느리게 하였다. 진지하게 그에게 반대행동을 취할 수 있었던 정당 내부에서는 아무런 권력도 갖지 못하는 결과를 초래하였던 것이다.

그의 사후에 이런 일은 종지부를 찍었다. 그리고 관료지배가 시작된 것이다. 노동조합의 역원, 정당 서기, 신문기자들이 높은 지위에 취임하고 관료적 본능이 정당을 지배하였다. 이것은 최대의 명예로운 관료제도이기는 하지만—특히 미국에서 때때로 매수되는 노동조합 역원을 일별한 위에 타국의 사정을 고려해 보면, 드물게 보는 명예로운 관료제도라고 말할 수 있으나—먼저 설명한 바와 같은 관료지배의 결과가 정당 내에 들어왔던 것이다.

부르주아적 제 정당은 1880년대부터 완전히 명사 조합이 되었다. 때때로 이들 정당도 '이러이러한 사람들의 이름을 우리들은 가지고 있다'라고 말하기 위하여 당 외의 지식계층을 광고할 목적으로 끌어들이지 않으면 안 된다. 그러나 이들 인물을 선거에 참여케 하는 것은 가능한 한 회피하였다. 그리고 본인이 승낙하는 이외에 도리가 없을 때만 이러한 일이 일어났다. 의회에 있어서도 이와 동일한 정신이었다.

우리들의 의회 정당은 과거에 있어서나 현재에 있어서나 동업조합(同業組合)이다. 국회 단상에서의 모든 연설은 미리 정당 내에서 충분히 비판된다. 그러나 그 연설이 주는 사실은 그 연설의 전대미문(前代未聞)의 지루함에서도 간취할 수 있으며, 연설자로 임명된 사람만이 발언할 수 있다. 영국의 관습이나 또―이것과 전혀 대립한 이유에서만―프랑스의 관습에 대하여 이것보다 더 뚜렷한 대조는 거의 생각할 수 없다.

이제야 혁명이라고 불렸던 강대한 붕괴의 결과로써 하나의 전환이 진행중인 것이다. 필경 확실하다고는 할 수 없지만 우선 최초로 새로운 종류의 정당기관에의 맹아가 나타났다.

그 첫째는 아마추어 기관이다. 그것은 특히 각종의 대학생들에 의해서 대표되는 것이나 그들은 지도자로서의 자격을 인정하는 한 남자에 대해서 '우리는 당신이 필요한 일을 관리하여 주기 바란다. 제발 그 일을 완수하여 주기 바란다'라고 말하는 것이다.

둘째로는 실업가의 기관이다.

사람들은 지도자로서의 자격이 인정된 사람들에게 모든 선거 투표에 대해서 확정된 금액과 교환조건으로 선거운동을 입수하겠다고 신청하였던 것이다. 만일 이 두 기관 중에 순전히 정치적·기술적 견지에서 어느 것을 더 신뢰하겠느냐고 진심으로 나에게 질문한다면 나는 후자를 선택한다고 대답했을 것이다. 그러나 이 양자는 모두 급히 떠오른 물거품과 같은 것이었으며, 또다시 급속히 꺼져 버렸다. 현존의 제 기관은 스스로 변화하였지만 보다 넓게 활동하였다. 그 현상은 지도자가 거기에 있기만 하면 필경 새로운 기관이 벌써 수립되었을 것 같은 하나의 징조에 불과했다.

그러나 벌써 비례대표법의 기술적인 특질은 이것들의 대두를 배제하여 버렸다. 오직 소수의 거리의 독재자가 출현했다가 다시 사라져 버렸다. 그리고 거리의 독재정치의 추종자들만이 확고한 규율 속에 조직되어 있다. 따라서 소멸해 가는 소수자의 힘이 조직되어 있다.

만약 사태가 변화하였다고 가정한다면, 정당이 국민투표에 의한 지도자에 의해서 지도된다는 것은 추종자의 '영혼을 빼앗는' 것이며, 말하자면 그들의 정신적 프롤레타리아의 조건이 된다고 말할 수 있다는 것을 이미 말한 바에 의하여 명백히 하지 않으면 안 된다. 지도자에 대해서 기구로서 유용하려면 그들은 맹목적으로 복종하고 미국적 의미에 있어서의 기계가 되지 않으면 안 된다. 명사적 허영심이나 개인적 의견에 입각한 자부심에 의해서 방해되어서는 안 된다.

링컨의 선거는 이 정당조직의 특성 때문에 가능하였다. 글래드스턴의 경우에는 벌써 말한 것처럼 코커스 중에 동일한 것이 들어 있었다. 지도자에 의한 지도에 대하여 지불할 대가는 동일한 것이다. 그러나 다만 거기에는 다음과 같은 선택이 있다.

그것은 '기계'를 수반한 지도자가 있는 민주주의인가 또는 지도자가 없는 민주주의, 즉 직업 없는 '직업정치가'로서 지도자가 되는 데 필요한 내적인 카리스마적 소질이 없는 '직업정치가'의 지배이냐의 두 가지 중 그 하나를 택하는 것이다. 그리고 이것은 전에 17세기의 프랑스 정부의 반대 당이 항상 '종당(從黨)'의 지배라고 부르고 있던 것을 의미한다. 우리 독일에서는 이 후자만을 가지고 있다. 그리고 장래에 대한 그 존속 여부는 다음 사실에 입각해서 한 번은 유망시된다. 즉, 그것은 적어도 독일에 있어서는 확실히 독일연방회의가 부활하고 독일 국회의 권력과 함께 그 지도자의 선출 장소로서의 의의는 필연적으로 제한된다는 사실이다.

더욱이 오늘날 구성되고 있는 것과 같은 비례대표선거법에 의해서도 그렇다. 이것은 명사들의 지위 획득을 위한 암거래를 유리하게 할 뿐만 아니라 장래 이익단체에 대해서 그들의 직원을 명부에 강제로 등록시킴으로써, 진정한 지도자 지배가 존재할 여지조차 없는 비정치적 의회를 만들어 낼 가능성이 있기 때문이다. 그것은 지도자 없는 민주주의의 전형적 현상이다. 지도자 지배의 욕구에 대한 유일한 길은, 의회에 의하지 않고 국민투표에 의해서 선거될 경우의 독일 국가의 대통령일 것이다.

업적이 확증된다는 것에 기반을 가지고 있는 지도자 지배는 다음과 같은 경우에 비로소 성립될 수 있고 또 선택될 수 있을 것이다. 즉, 그것은 특히 미국에 있어서 도처에 볼 수 있는 것과 같이 대도시의 사람들이 진심으로 부패를 배격하려고 하는 곳에서, 국민투표에 의하여 선거된 시장이 그의 관청을 자력으로 구성할 권리를 가지고 표면에 나타났을 때, 비로소 성립할 수 있고 선택될 것이다. 그와 같은 선거에 적응하는 정당조직을 전제조건으로 할 것이다.

그러나 특히 사회민주당을 포함한 모든 정당의 지도자에 대한 소시민적인 적의는 정당구성 방안과 함께 정당구성의 모든 기회를 모두 암흑 속에 두고 있는 것이다. 따라서 오늘날 아직도 다음의 문제를 결코 간과해서는 안 된다. 즉, 그것은 '직업'으로서의 정치운영은 외면상 어떤 형태를 취하고 있는가, 또 그 결과로써 정치적 재질을 가지고 있는 자가 만족할 만한 정치적 임무 앞에 놓여지는 기회가 어떤 방도로 개방되어 있는가 하는 문제이다.

그 재산 상태가 정치에 의하여 생활하는 것이 불가피한 사람은 항상 두 사람 중 한 사람을 택하게 될 것이다. 즉, 전형적·직접적 방도로 저널리스트나 정당간부의 지위 또는 노동조합, 상업회의소, 농업조합, 수공업조합, 근로자회의소, 고용자조합 등의 이익대표단체 중의 하나를 선택하든지, 그렇지 않으면 적당한 지방자치단체의 지위를 선택할 것이다.

외면상의 문제로는, 다만 정당간부와 신문기자가 '사회적 낙오자'라는 악평을 받는 것 이외에는 아무 말도 없다. 저기서는 '임금 문필가', 여기서는 '임금 연설가(賃金演說家)'라는 말이 그리 대단치는 않지만 유감스럽게도 항상 귀에 들려온다. 이에 대하여 내심으로는 저항하지 못하고, 스스로 적절한 대답을 하지 못하는 사람은 언제나 참기 어려운 유혹을 수반하는 동시에 영속적 기만을 가져오는 경로인, 이 인생행로로부터 물러나야 된다.

그러면 이 행로는 내심적 환희를 위하여 무엇을 제공할 수 있을 것인가. 또 스스로 이 행로를 향하여 가는 사람에게는 어떠한 개인적 조건을 미리 제공하는 것일까?

그것은 첫째로 권력감을 부여한다는 것이다. 형식상으로는 미미한 지위에 있으면서 직업정치가에게는 인간들에 대하여 영향력을 가지고 있다는 자각, 그들을 지배하는 권력에 참가한다는 자각, 특히 역사적으로 중요한 중추신경을 장악하고 있다는 감정이 일상 다반사를 초월하게 할 수 있다.

그러나 이제는 그에 대한 문제는 다음과 같은 것이다. 즉, 어떠한 자격에 의해서 그는 이(개개의 경우에는 아직도 그 범위가 매우 좁게 한정되어 있을지라도) 권력과, 또한 거기에 따라서 그 권력이 그에게 부과하는 책임이 정당화될 것을 희망할 수 있을 것인가라는 문제이다.

이 문제를 가지고 우리들은 윤리 문제의 영역에 들어오는 것이다. 왜냐하면 역사의 수레바퀴의 살에 손을 대고도 무관하기 위해서는, 그가 어떤 인물이어야만 하는가라는 문제가 이것에 속하기 때문이다.

정치가에게는 세 가지 소질이 특히 중요하다고 말할 수 있다. 그것은 정열과 책임감과 목측(Augenmass)이다.

여기서 말하는 정열은 객관성(Sachlichkeit)의 의미에 있어서의 정열을 뜻하며, 사업에 몰두하는 태도를 의미한다. 즉, 하나의 사물(Sache)에 대하여 그들의 명령자인 신이나 악마에 대해서 열정적으로 헌신하는 것이다. 이것은 나의 친우였던 고 게오르그 짐멜(Georg Simmel)[30]이 특히 러시아의 지식계층(그들의 전부라고 말하는 것은 아니지만)의 어느 특정 타입에 해당시켜 '무내용의 흥분'이라고 불러 온 것 같은 그러한 내심의 태도를 의미하는 것은 아니다. 또 오늘날 '혁명'이라는 자랑스러운 이름으로 장식되어 있는 이 사육제에 있어서 우리들의 지식계급 내에서도 큰 역할을 하고 있는, 또 모든 객관적인 책임감이 없이 허영에 흐르고 있는 '지적 관심자의 로맨틱'을 의미하는 것도 아니다.

왜냐하면 설령 진심으로 느꼈다고 하더라도 단순한 정열만 가지고는 실제로 아무것도 이루어지지 않기 때문이다. 만약 정열이 하나의 '사물'에 있어서 봉사할 때는 이 사물에 대한 책임까지도 행동의 절대적 지침으로 삼지 않는 한, 이 정열은 정치가를 만들어 내지 못한다. 그리고 이 밖에—이것이 정치가의 결정적인 심리적 자격이지만—목측을 필요로 한다.

이것은 정신의 집중과 평정을 가지고, 현실을 자신의 위에 작용시키는 능력이다. 따라서 그것은 사물과 인간과의 거리이다. '거리가 없다는 것'은 순수하게 그 자체로서는 모든 정치가의 사죄(死罪)의 하나이며, 만일 우리 지식계급의 후진들 사이에 그것이 배양될 때 그들에 대해서 정치적 무능력의 판결이 내려질 요인의 하나이다. 여기에 문제가 되는 것은 어떻게 하여 뜨거운 정열과 냉철한 목측이 영혼 속에 서로 압축될 수 있을 것인가 라는 것이다. 정치는 두뇌를 가지고 행해진다. 신체와 정신의 다른 부분을 가지고 행해지는 것은 아니다.

그러나 정치가 경박한 지적 유희가 아니고, 인간적으로 진지한 행동이라고 한다면 정치의 헌신은 정열에서만 탄생하며, 배양될 수 있는 것이다. 그러나 정열적인 정치가를 특징짓고, 그를 단순한 '결실 없는 흥분'을 일삼는 정치적 아마추어와 구별하는 요소는 강력한 영혼의 억제에 있는 것이다. 그런데 이 영혼의 억제는—말의 모든 의미에 있어서—거리에의 숙달에 의해서만 가능하다. 한 개의 정치적 '인격'의 '강점'은 무엇보다도 이 소질의 소유를 의미하는 것이다.

따라서 정치가는 매일 매시 하나의 사소한, 너무나 인간적인 적을 자기 내부에서 극복하지 않으면 안 된다. 그것은 매우 평범한 허영심인데, 이것은 모든 객관적인 헌신과 모든 거리—이 경우에는 자기 자신에 대한 거리—에 대하여 치명적인 적이다.

허영심은 매우 광범위하게 보편화된 특성이기 때문에 아무도 이것을 완전히 이탈하지는 못한다. 그리고 학구적인 사회나 학자의 사회에서 이것은 일종의 직업병이다. 그러나 학자에 있어서는 그것이 밉게 보이더라도 일반적으로 과학적인 업적을 방해하지 않는다는 의미에 있어서 비교적 무해한 것이다. 그러나 정치가에게는 전혀 다르다.

그는 불가피한 수단으로 권력 추구를 위한 노력을 가

지고 활동한다. '권력 본능'—세인이 보통 표현하는 바와 같이—은 따라서 실제에 있어서 그들의 정상적인 소질에 속한다. 그러나 그의 직업의 신성한 정신에 대한 죄악은 이 권력욕이 절대적으로 '사물'에의 봉사로 구현되는 대신에 비객관적으로 되고, 순수하게 개인적인 자기 도취의 대상으로 되는 데서 시작한다. 왜냐하면 정치의 영역에 있어서는 비객관성과—항상 그런 것은 아니지만 때때로 그것과 동일하다—무책임성이라는 두 종류의 치명적 죄악만이 종국적으로 존재하기 때문이다.

허영심, 즉 자기를 가능한 한 전면에 보이도록 내세우려고 하는 욕구는 비객관성과 무책임성이라는 양자 중의 하나 또는 양쪽의 죄를 범하게 하는 유혹에 빠지도록 정치가를 강력히 유도하는 것이다.

데마고그는 어떤 효과에 관하여 고려하도록 강요당하면 할수록—그는 실로 이 허영심의 유혹 때문에 자기 행위의 결과에 대한 책임은 경솔하게 생각하고, 그가 타인에게 주는 '인상'에 대해서만 문제삼는 배우처럼 될 위험성에 빠지는 것이다. 그의 비객관성은 그로 하여금 실제의 권력 대신에 권력의 찬란한 외모만을 획득하도록 접근시키며, 그의 무책임성은 그로 하여금 그 권력을 위해서 아무런 목적도 없이 향락하도록 접근시킨다.

권력은 불가피한 수단이며, 권력욕은 모든 정치의 충

동력이기 때문에—설혹 그렇다고 가정하더라도, 아니 도리어 사실이 그렇기 때문에—다음의 몇 가지 사실보다 더 무서운 정치권력의 왜곡은 없다. 권력을 가진 벼락출세자다운 호언장담이나, 권력감 속에 도취해 버린 공허한 자작 자연적(自作自演的) 행동이나, 일반적으로 순수히 권력 그 자체를 위한 권력숭배 등이다.

단순한 권력정치가는 우리들 중에서 열렬히 숭배받고 있는 그것만으로 자신을 거룩하게 보이려고 강력하게 활동할지 모르나, 실제로 그는 공허와 무의미 속에서 활동하고 있음에 불과하다. 이 점에 있어서 '권력정치'의 비평가는 완전히 정당한 것이다. 이 교만스럽고 공허한 거동의 배후에 그 내심적인 약점과 무력을 감추어 두고 있는 이러한 심정의 전형적 소유자가 돌연히 정신적으로 멸망하는 것을 우리는 경험할 수 있었다. 이 공허한 거동은 인간행동의 정신에 대비하면 극히 빈약하고 천박한 무기력의 산물이다. 이 무기력은, 모든 행위 특히 정치적 행위가 진실로 휩쓸려 들어가고 있는 그 비극에 관한 지식과는 아무런 관계도 없는 것이다.

정치활동의 최종적인 결과가 때때로 규칙적으로 그 본래의 의의와는 전혀 부합하지 않거나 또는 역설적인 관계에 귀착된다는 것은 절대적 사실이며—지금 여기에서 더 이상 확인할 바는 아니지만—모든 역사의 기본적 사실이다. 그러나 그 때문에 만일 정치적 행동이 내적 근거를 가져야 한다고 가정한다면, 한 사물에 대한 봉사라는 이 의의는 결코 결핍되는 일이 있어서는 안 된다. 정치가가 어떤 사물에 봉사하기 위하여 권력을 획득하려고 노력하고 권력을 이용하는 그 사물은 어떻게 해서 선택될 것인가는 신앙상의 문제이다. 그는 국민적이고 인도적인, 그리고 사회적이며 윤리적·문화적·내심적인 혹은 종교적인 목표를 위하여 봉사할 수 있다.

그는—어떠한 의미에서인가를 묻지 않고—'진보'에 대한 굳은 신념을 가지고 있을 수도 있고, 또 이런 종류의 신념을 냉혹하게 거부할 수도 있다. 또 그는 하나의 '이념'을 위하여 봉사에 나설 것을 요구할 수도 있고, 또는 이 요구를 근본적으로 거부하면서 일상생활의 외부적 목표에 봉사하려고 원할 수도 있다. 어느 것이든 여기에 그 어떤 신념이 없어서는 안 된다. 그렇지 않으면 실제에 있어서—이것은 완전히 정당한 것이나—동물적인 무가치한 저주가 외면적으로는 가장 강력한 정치적 성공에 엄습하는 것이다.

이상 말한 것으로써 우리들은 벌써 오늘 밤 우리에게 관계되는 최후 문제의 설명에 들어가려 하고 있다. 그것은 즉, 사물(Sache)로서의 정치의 도덕적 성격(Ethos)이다. 정치는 그 목표에서 완전히 독립하여 처세의 도덕적인 전체의 경영 내부에 있어서 스스로 어떠한 천직을 발견할 수 있을까. 정치가 그 고향으로 정착할, 말하자면 윤리적인 장소는 대체 어디에 있을 것인가. 여기서 최종적으로 선택하지 않으면 안 될 최후의 세계관이 이제야 실제로 서로 충돌하는 것이다. 최근 또다시—나의 견해에 의하면 전혀 다른 방법으로—제기된 문제에 단호히 접근해 가자.

그러나 먼저 최초로 이 문제를 전혀 평범한 위조(僞造)로부터 해방시키자. 즉, 그것은 우선 도덕적으로는 가장 치명적인 역할에 있어서 윤리를 유린할 수 있다. 실례를 들어 보자. 여기에 어떤 남자의 애정이 한 여성으로부터 다른 여성에게 옮아 갔다고 하자.

그때에 그녀는 자기의 사랑을 받을 가치가 없었다든가, 자신을 속였다든가, 그 밖에 또 다른 '이유'가 많이 있는 이유 등등으로 구구하게 자신을 변명하려는 욕망을 가진 남자를 여러분들이 발견하는 일은 흔히 있을 것이다. 이것은 하나의 반기사도적 행위이지만 그가 그녀를 이미 사랑하지 않으며 게다가 여성은 이를 참지 않으면 안 된다는 운명임에도 이에 더하여 그는 보다 더 반기사도성을 발휘하여 자신은 스스로 하나의 '정당성'을 가지고 있다고 상상하는 것이다.

이 정당성에 의하여 그는 자신을 위해서 하나의 권리

를 요구하고, 불행 위에 다시 그녀에게 부정을 전가하고자 한다. 승리한 사랑의 경쟁자도 이와 같은 태도를 취한다. 즉, 상대자는 가치가 보다 낮은 사람이라야 한다. 그렇지 않았다면 그는 패배하지 않았을 것이다.

만약 어떤 혁혁한 전승 뒤에 승리자가 품위 없는 자기 주장을 하고, 나는 정당했기 때문에 승리한 것이다 라고 주장한다면 그것은 전자와 다를 게 아무것도 없는 것이다. 또 어떤 자가 전쟁의 공포에 정신적으로 완전히 위축되었을 때, 전쟁은 실로 염증이 난다고 솔직하게 말하는 대신에, 자신은 도덕적으로 나쁜 사물 때문에 싸우지 않으면 안 되었기 때문에 전쟁을 견딜 수 없었다고 하는 감정을 바꾸어 놓은 것으로, 그의 전쟁 염증에 대해 자신이 정당화하는 욕망을 느낀다면 이것 또한 전자와 같은 것이다. 그리고 전쟁에 패배한 자에 있어서도 마찬가지이다.

전후에 '전쟁 책임자'를 추구하는 것 같은 노파다운 태도 대신에—거기에서는 정말 사회구조가 전쟁을 발생시켰지만—모든 남자다운 준엄한 행위는 적을 향해서 '우리들은 전쟁에 패배하였고 당신들은 승리하였다. 이제 이것으로 일은 끝났다. 이제는 전쟁의 대상이 되었던 물석 이해관계에 적응하여—이것이 중요한 일이지만—특히 승리자에 부과된 장래의 책임에 대하여 어떠한 결론을 맺을 것인가에 관하여 상의하자'라고 할 것이다.

이 이외의 모든 것은 품위 없는 행동이며 또 그것은 보복을 받게 된다. 국민은 그들의 이익의 손실은 용납할지라도, 그들의 명예훼손, 적어도 편협한 독선에 의한 명예훼손만은 결코 용서하지 않을 것이다. 2,30년 뒤 세상에 공개될 모든 새로운 문서는 전쟁을 그 종말과 함께 도덕적으로 매장시켜 버리는 대신에, 품위 없는 비명과 증오와 분노를 재현케 한다.

전쟁의 도덕적 매장은 몰주관성(沒主觀性)과 기사도와 특히 품위에 의해서만 가능하다. 그러나 진실로 서로의 무품위(無品位)를 의미하는 하나의 '윤리'에 의해서는 이것이 불가능하다. 정치가에 관계하는 것, 즉 그들 앞에 놓여 있는 미래와 책임을 위해서 진력하는 대신에 정치적으로 해결이 안 되는 막연한 문제, 즉 과거에 있어서의 전범 문제(戰犯問題)를 취급하고 있는 것이다.

이 미래와 책임에 관해서 진력하는 것에 만약 그러한 것이 있다면 그것은 정치적 책임이다. 그리고 그때는—도덕적으로나 물질적으로나—최대로 수확을 얻으려 하는 승리자의 물질적인 이익과 전범을 인정함으로써 이익을 얻으려 하는 패전자의 희망에 의해 전체의 문제가 불가피하게 위조되는 것을 간과해서는 안 된다. 만약 비열한(gemein) 것이 있다면 이것이 바로 그것이다. 그리고 이것은 '윤리'를 '독선'의 수단으로 이용하는 종류의 행동 결과이다.

그러면 윤리와 정치와의 현실적인 관계는 어떻게 되어 있는 것일까. 윤리와 정치는 사람들이 종종 말하고 있는 것처럼 상호간에 전혀 관련성이 없는 것일까. 또는 그 반대로 동일한 윤리가 정치적 행동의 다른 어떤 행동에도 해당된다는 것이 정당한 것일까. 사람들은 때로는 이 두 가지 주장 사이에서 이쪽이 정당한가, 저쪽이 정당한가의 배타적인 선택 관계가 존재한다고 믿어왔다.

그러나 그것으로는 연애나 상업관계, 가족이나 관청관계, 처나 젊은 여인이나, 자식이나, 경쟁자나, 친구나, 형사피고인 등과의 관계에 대해서 내용적으로 똑같은 명령이 이 세상의 어떤 윤리로부터 내려질 수 있는 것이 가능한가. 정치에 대한 윤리적인 요구에 대해서는 정치가 매우 특수한 수단인 권력을 가지고 강제력의 배후에서 활동하면 할수록 현실에는 무관심해도 좋은 것인가. 볼셰비키스트나 스파르타키스트(Spartakist)[31]의 공상가들이 바로 이와 같은 정치수단을 응용하기 위해서 그 어떤 군국주의적인 독재와 똑같은 결과를 초래하는 것을 우리는 보지 않겠는가.

노동자 및 병사위원회의 지배와 혁명 이전의 자의적 권력자의 지배는, 바로 권력자와 인격과 그들의 아마추어 정치에 의해서 구별되는 것 이외에 무엇에 의하여 구별될 것인가. 스스로 신윤리(新倫理)의 대표자라고 자칭하는 대부분의 사람들이 그들을 비판하고 있는 반대자에 대한 논쟁은, 다른 데마고그들의 논쟁과 무엇에 의해서 구별될 것인가. 고귀한 의도에 의해서 구별된다고 대답할 것이다. 그래도 좋다. 그러나 여기에서 화제에 오르고 있는 것은 수단에 관한 문제이다.

그들의 최종적 의도의 고귀성에 관해서는 공격받은 반대자들도 완전히 주관적인 정의를 가지고 그들과 전혀 동일하게 자기 자신을 위하여 요구할 권리를 가지고 있는 것이다. '칼을 잡는 자는 칼에 의해서 멸망할 것이다', 그리고 투쟁은 도처에 있어서 투쟁이다. 그러면―산상수훈(山上垂訓)의 윤리는 무엇인가. 산상수훈에 있어서는―복음의 절대적 윤리가 표현되어 있는데―오늘날 이 명령을 기꺼이 인용하려고 하는 사람의 믿음보다도 더 진지한 것이 포함되어 있다.

산상수훈은 농담이 아니다. 과학에 있어서 인과율에 관해 말한 것이 이 산상수훈에 해당된다. 그러니까 그것은 마음대로 오르내리기 위하여 마음대로 정차시킬 수 있는 마차가 아니다. 그런 것이 아니고 전체적 부정인가 혹은 절대적 부정인가이다. 만약 일상 평범한 일과 다른 그 무엇이 나타나야 한다면 이것이 바로 그 의미이다.

따라서 이를테면 부유한 청년에 대하여 '청년은 근심하며 떠나갔다. 큰 재산을 가지고 있었기 때문이다.'라는 것이다. 복음서의 명령은 무조건적이며 일의적(一義的)이다. 그대가 가진 것을 주어라―반드시 전부를.

정치가는 다음과 같이 말할 것이다. 즉, '그것이 모든 사람에 대해서 관철되지 않는 한 사회적으로 무의미한 요구이다'라고. 따라서 과세, 징발, 몰수―한 마디로 말하면 모든 사람에 대한 강제와 질서를 주장한다. 윤리적 명령은 이 점을 전혀 문제삼지 않는다. 이것이 그 본질이다. 또는 '다른 뺨을 내밀어라!' 이는 무조건적이며 뺨을 친다는 것이 다른 사람에게 정당한가의 여부를 묻지 않는다.

이것은 품위 없는 윤리이다. 한 사람의 성자에 대한 이외에는, 그것은 다음과 같다. 사람들은 적어도 그 의욕에서는 모든 것에 있어서 성자가 아니면 안 된다. 사람들은 예수나 사도나 성 프란체스코(der heilige Franz)[32] 같은 인물과 같이 살지 않으면 안 된다. 그때 비로소 이 윤리는 깊은 의의를 가지며 품위의 표현이 된다. 그 이외는 잘못이다. 왜냐하면 만약 무우주론적(無宇宙論的)인 사랑의 윤리의 결론에 있어서 '악에 대해서는 힘으로 대항하지 않는다'라고 한다면—정치가에게는 그 반대로 '그대는 악에 대해서 강력히 저항하지 않으면 안 된다. 그러지 않으면, 그대는 악의 만연에 대해서 책임이 있다'라고 하는 명제가 타당하다. 복음서의 윤리에 따라서 행동하고자 하는 사람은 파업을 단념하고—왜냐하면 그것은 강제이기 때문에—황색노동조합[33] 속에 들어간다.

그러나 그는 무엇보다도 먼저 '혁명'에 관해서는 말하지 않는다. 왜냐하면 그 윤리는 시민전쟁이 유일하게 합법적인 전쟁이라고 가르쳐 주려 하지 않기 때문이다. 복음서에 따라서 행동하는 평화주의는, 독일에 있어서는 명령받은 대로 전쟁을, 그리고 그것에 의하여 모든 전쟁을 종결시키기 위하여 윤리적 의무로서 무기를 부정하거나 혹은 포기할 것이다. 정치가는 다음과 같이 말할 것이다. 즉, "모든 예견할 수 있는 시대를 향하여 전쟁을 불신임하게 만드는 유일하고 확실한 수단은 현상유지의 평화였을 것이다."라고.

그렇다면 국민들은 다음과 같이 자문하였을 것이다. 이 전쟁은 무엇 때문에 일으켰느냐. 혹은 이 전쟁은 무의미한 것이었다고 논증되었을지도 모른다—오늘은 그것이 불가능하다. 왜냐하면 승리자—적어도 그들의 일부—에게는 전쟁은 정치적으로 이익이 되었기 때문이다. 그리고 그것에 대하여는 우리들에게 모든 저항을 불가능하게 했던 그 행동이 책임을 지지 않으면 안 된다. 이제야—피폐의 시기가 지나갈 때는—전쟁이 아니고 평화가 신임을 잃을 것이다. 그것은 즉 절대적 윤리의 한 결과이다.

최후로 진리의 의무이다. 이것은 절대적 윤리에 대해서 무조건적이다. 따라서 모든 문서, 특히 자기 나라에 죄를 씌우고 있는 문서를 공개하고, 이 일방적인 공개에 의거하여 무조건 결과 여부를 묻지 않고 죄를 스스로 인정한다는 것을 사람들은 추론한 것이다. 정치가는 그것에 의한 결과로써는 진리가 촉진되지 않고, 정열의 오용과 해방에 의하여 진리가 확실히 암흑화되는 것을 발견할 것이다. 그리고 다만 비당파적인 입장에 의한 전면적인 계획과 확인만이 성과를 거두게 할 것이다. 이와 같이 행동하는 국민에게 그 밖의 모든 전진은 2, 30년 내에 또다시 회복할 수 없는 결과를 초래할 것이다. 그러나 그 결과에 대해서는 절대적 윤리는 문제삼지 않는다.

여기에 결정적인 핵심이 있다. 우리들이 윤리적으로 지향하고 있는 모든 행동은 두 개의 근본적으로 다른, 해결할 수 없는 대립을 내포한 원칙하에 움직인다는 사실을 우리는 명백히 하지 않으면 안 된다. 그것은 '심정 윤리적(心情倫理的)'으로 움직일 수도 있고 '책임 윤리적'으로 움직일 수도 있다. 이것은 무책임성을 수반한 심정 윤리와 무심정성을 수반한 책임 윤리가 동일하다는 것은 아니다. 이에 관해서는 물론 아무런 논의가 없다. 그러나 인간이 심정 윤리의 원칙하에 행동한다는 것 즉, 종교적으로 말한다면, '기독교도는 바르게 행동한다. 그리고 그 결과는 신에 일임한다'라는 책임 윤리의 원칙하에 행동하고, 그의 행동(예견할 수 있는) 결과에 대해 책임질 것인가는 근본적으로 심각한 대립이다.

여러분들은 한 사람의 확신을 가진 심정 윤리인 신디칼리스트(Syndikalist)를 향하여 더 한층 확신을 가지고 다음과 같이 언명할 수 있을 것이다. 즉, '당신 행동의 결과는 반동의 기회를 대두시키고, 당신의 계급을 더 한층 탄압케 하여 그들의 발흥을 저지할 것이다'라고. 그러나 그것은 그에 대하여 아무런 인상도 주지 않을 것이다. 만약 순수한 심정에서 나온 행동의 결과가 나쁘다고 하더라도 그 책임은 행동자에 있는 것이 아니고, 이 세상이나 다른 사람들의 어리석음이나, 혹은 그들을 그렇게 창조하신 신의 의사에 있다고 간주되는 것이다.

이에 반하여 책임 윤리자는 인간의 바로 그 평면적인 결점을 계산에 넣는다. 그는 피히테(Fichte)[34]가 바르게 말한 바와 같이, 그들의 선량(善良)과 완전을 전제로 하는 권리는 전혀 가지고 있지 않았다. 그는 자기의 행동 결과를 예견할 수 있는 한, 다른 사람에게 전가하는 지위에 있는 것을 느끼지 못한다. 그는 다음과 같이 말할 것이다. 즉, '이 결과는 나의 행위에 책임이 있다' 라고. 심정 윤리자(心情倫理者)는 다만 순수한 심정의 불꽃이, 이를테면 사회질서의 부정에 대한 반항의 불꽃이 꺼지지 않는 것에 '책임'을 느낀다. 이 불꽃을 끊임없이 새롭게 돋워 주는 것으로 장차 발생할 결과를 판단한다면, 그것은 전혀 비합리적인 행동의 목적이다. 이 행동은 모범적인 가치만을 가질 수 있는 것이며 또 가져야 한다.

그러나 이것으로 문제가 끝난 것은 아니다. 이 세상의 어떤 윤리도 '선량한' 목적을 달성하는 데는 매우 많은 사람들이 도덕적으로 의아스러운 수단, 또는 적어도 윤리적으로 위험한 수단이나 나쁜 부차적 효과의 가능성, 또는 그 개연성(蓋然性)까지도 감수하지 않을 수 없다는 사실이다.

그리고 이 세상의 어떤 윤리도, 언제 어떤 범위에 있어 윤리적으로 훌륭한 목적이 그로 하여금 위험한 수단이나 부차적 효과를 신성화하는가에 관해서 명백히 할 수는 없다.

정치에 대해서 결정적 수단은 강제력이다. 그리고 윤

리적 관점에서 말하면, 수단과 목적 사이의 긴장의 거리가 얼마나 큰가를 여러분들은 누구나 알고 있는 바와 같이 혁명적인 사회주의자들(짐멜발더의 방향에 있어서 :Zimmelwalder Richtung)[35]이 대전중에 '만약 우리들이 아직 2, 3년의 전쟁과 그 뒤에 혁명을 선택하느냐, 또는 지금의 평화와 무혁명을 선택하느냐라는 선택의 기로에 직면한다면 우리들은 아직도 2, 3년의 전쟁을 선택할 것이다'라고 상세히 언명할 수 있었던 그 주의를 신봉하고 있음을 고백한 사실에서, 추정할 수 있을 것이다. '이 혁명은 무엇을 가져올 수 있을 것인가'라는 질문에 대해서는 모든 과학적 교양을 받은 사회주의자는 다음과 같이 대답했을 것이다.

사회주의자가 의미하는 사회주의적이라고 말할 수 있는 하나의 경제로 전환하는 것은 아무런 문제가 되지 않는다. 오히려 봉건적인 요소와 왕조적인 잔재로부터 만이 탈피할 수 있었던 하나의 부르주아 경제가 바로 다시 성립하였을 것이라고—이 미미한 결과를 얻기 위하여 '아직 2, 3년의 전쟁을!' 한다. 사람들은 여기서 매우 강렬한 사회주의적 확신에 있어서까지 이와 같은 수단을 요구하는 목적을 부정할 수 있다고 말하는지 모른다.

볼셰비즘이나 스파르타키즘에 있어서 일반적으로 모든 종류의 혁명적 사회주의의 사태는 거의 동일하다.

만약 이쪽에서 혁명 이전의 '권력정치가'를, 같은 수단을 사용하기 때문에 도덕적으로 비난한다면—그들의 목표에 부정이 얼마나 절대적으로 정당하다고 인정되고 있다 할지라도—그것은 당연하게도 대단히 가소로운 것이다.

여기서 '목적에 의하여 수단을 신성화하는가'라는 문제에 관해서, 이제야 심정 윤리도 일반적으로 좌절되지 않으면 안 될 것같이 보인다. 그래서 실제에 있어서 심정 윤리는 도덕적으로 위험한 수단을 사용하는 모든 행동을 비난하는 가능성만을 논리적으로 갖는 것이다. 논리적으로 그렇다. 현실의 세계에 있어서 우리들은 다음과 같은 것을 경험하고 있다.

심정 윤리가 갑작스레 천년기설(千年期設)의 예언자로 급변하기도 하고, 이를테면 조금 전까지는 '힘에 대해서는 사랑을' 하고 설교하고 있던 사람이, 다음 순간에는 힘에 호소하든가—그 다음에는 모든 강제력의 절감 상태를 가져올 최후적인 힘에 호소하든가—마치 우리나라 군인이 모든 공격에 있어서 병사들에게 '이것은 최후의 공격이다. 그것은 승리와 그 다음에 평화를 초래하는 것이나'라고 말한 것처럼 말하는 것을 경험한다. 심정 윤리자는 이 세상의 윤리적 비합리성을 감내하지 못한다. 그는 우주적·윤리적인 '합리주의'이다.

도스토예프스키(Dostoevskii)[36]를 알고 있는 여러분들은 이 문제를 적절히 설명하고 있는 대종교 심문관이 나오는 장면을 상기할 수 있을 것이다. 심정 윤리와 책임 윤리를 타협시키는 것은 불가능하다. 또 이 원리를 일반적으로 어떻게 용인을 한다 해도 어떤 목적이 어떠한 수단을 신성화해야 하는가를 윤리적으로 결정하는 것은 불가능하다.

나는 그 심정의 의심할 여지없는 순수성에 대해서는 개인적으로 높이 평가하고 있지만 정치가로서는 확실히 무조건 부정되고 있는 동료 F.W. 푈스터(Fölster)[37]는, 그의 저서에서 '선한 것에서는 선한 것만이, 악한 것에서는 악한 것만이 생긴다'라고 한 간단한 명제에 의하여 이 곤란을 극복한다고 믿고 있다. 그렇게 될 수 있다면, 이 전체의 문제는 물론 제기되지 않게 된다. 그러나 우파니샤드(Upanischad)[38] 이후, 2500년에도 그와 같은 명제가 아직 이 세상의 빛을 볼 수 있는 것은 실로 놀랄 만한 것이다.

세계 역사의 전 과정뿐만 아니라, 일상 경험의 모든 냉철한 검토는 바로 그 반대를 말하고 있다. 지상에 있어서의 모든 종교 발전은 그 반대가 진실이라는 사실에 입각하고 있다. 변신론(辯神論, Theodizee)[39]의 태고의 문제는, 곧 전능하며 선량하다고 간주되고 있는 하나의 힘이 부당한 고민과 처벌되지 않는 부정이나 개선되지 않는 어리석음으로 이루어진다.

이와 같은 비합리적인 세계를 창조할 수 있었던 것은 무엇 때문일까 하는 질문이다. 그 힘이 전능하지 않든가, 또는 선량하지 않든가, 그렇지 않으면 우리들이 형이상학적으로 설명할 수 있는, 또 우리들이 영원히 해석할 수 없는, 전혀 다른 균형의 원리와 인과의 원리가 인생을 지배하고 있든가 그 어느 것이다. 이 문제는, 즉 이 세상의 불합리성의 경험이야말로 모든 종교 발달의 원동력이었다고 하는 것이다. 인도의 카르만 교의(敎義, Karmanlehre)나 페르샤의 이원론이나, 원죄관이나, 숙명론이나, 눈에 안 보이는 신 등은 모두 이 경험에서 발생한 것이다.

초대 기독교 신자들도 이 세상은 악마에 의하여 지배되어 정치와 수단으로서의 권력과 강제력의 관계를 맺는 것은, 악마적인 힘과 계약을 맺는 것으로 그의 행동에 대해서는 선에서 선만이, 악에서 악만이 생긴다는 것은 진실이 아니고, 오히려 때때로 그 반대라는 것을 매우 명확하게 알고 있다. 이것을 통찰할 수 없는 사람은 실제 정치적으로 한 어린이에 불과하다.

종교적 윤리는 우리들이 여러 가지 서로 다른 법칙하의 생활질서 가운데 놓여 있다고 하는 사실과 여러 다양한 형태로 타협했던 것이다.

그리스의 다신교는 사랑과 미의 여신인 아프로디테(Aphrodite)에도 주피터의 아내 헤라(Hera)와 똑같이, 또 주신(酒神) 디오니소스(Dionysos)에게도 음악의 신 아폴론(Apollon)과 같이 헌신했다. 그리고 그들이 서로 싸우는 것도 빈번하다는 사실을 알고 있었다. 인도의 생활질서는 여러 가지 잡다한 직업의 각부(各部)를 하나의 특수한 윤리법칙, 즉 다르마(Dharma)의 대상으로 하였다. 그리고 이를 계급별로 영원히 분리하고 이들을 내세에서 재생하는 경우 이외에는 그 계급에서 탄생한 자에 대해서는 여하한 탈출도 불허하는 확고한 계급제도 속에 두었다.

최고의 종교적 성물(聖物)에 대해서도 제각기 거리를 두어 다른 곳에 놓았던 것이다. 그리하여 금욕 고행자나 바라문(婆羅門) 승려로부터 무뢰한이나 창부에 이르기까지 모든 계급의 다르마[윤리법칙]를 그 직업의 내재적인 고유 법칙성에 적응시켜 수립할 수가 있었다. 전쟁이나 정치도 이 질서의 지배하에 있었다. 생활질서의 전체 속에 있어서 전쟁의 배열을 여러분들은 바가바드기타(Bhagavadgita)[40] 속에 크리슈나(Krishna)[41]와 아르두나(Arduna)의 회화 속에서 발견하게 될 것이다. '필요한 일을 해라'—즉 전사계급의 다르마와 그들의 규칙에 따라서 의무가 부과되고 전쟁 목적에 적응한 객관적으로 필요한 일을 해라—이것은 이 신앙에 입각한 종교상의 행복을 손상치 않고 오히려 이에 봉사하는 것이다.

인도의 영웅신인 인드라(Indra)의 천국은 인도의 전사(戰士)에게는 그 영웅적인 전사(戰死)에 있어서, 게르만인에게 전사한 용사의 영혼이 사는 천국이 약속되어 있는 것처럼 예로부터 확실하게 약속되어 있다. 게르만인이 천사의 합창대가 있는 천당을 비웃는 것처럼, 인도의 무사들은 열반을 비웃었을 것이다.

이와 같은 윤리의 특수 전문화는 인도의 윤리로 하여금 이 당당한 기술에 대하여 전혀 확고부동하고 정치의 고유법칙에만 따르는 취급, 즉 이 급진적으로 높여진 취급을 가능케 했던 것이다. 진실로 급진적인 '마키아벨리즘'은 이 말의 일반적 의미에 있어서는 인도문학 중에서 카우탈리야 알타사스트라(Kautaliya Arthasastra)[42] 〔기원전 찬드바 굽타(Tschandvagupta)[43]의 시대부터 존속된 것이라고 함〕속에 전형적으로 주장되고 있다.

이에 반하여 마키아벨리의 《군주론》은 무해하다. 푈스터 교수가 전에 가까이했던 카톨릭의 윤리에 있어서 명백히 '복음회의'는 신성한 생활의 카리스마를 받은 자에게는 특별한 윤리이다. 거기서는 한 방울의 유혈도 없이 한 푼의 보수도 구해서는 안 되는 승려와 병행하여, 한쪽은 피를 흘리고 다른 쪽은 이득을 구하는 것이 당연시되는 경건한 기사와 시민이 존재하고 있다. 윤리의 단계화와 구제교의(救濟敎義)의 구조 내부에 윤리가 적응된다는 점은 인도보다는 못했고, 또 이 윤리에 있어서 기독교의 신앙조건에 따르지 않으면 안 되었으며, 마땅히 순응해야 할 일이다.

이 세상의 원죄적인 퇴폐는, 죄악에 대해서 영혼을 위태롭게 하는 이교도에 대해서 징벌수단으로서 윤리 속에 강제력을 삽입하는 것을 상대적으로 쉽게 한 것이다. 그러나 산상수훈의 순수한 심정 윤리적이고 무우주론적인 요청과, 이에 입각하고 있는 절대적인 요청으로서의 종교적 자연법은, 이 수훈의 혁명적인 권력을 보존하였다. 그리고 사회적으로 동요한 거의 모든 시대에 있어서 가장 중요한 부담을 짊어지고 등장했다.

이 요청은 특히 급진적인 평화주의적 종파를 만들어 내었으나 그 중 펜실베니아의 한 종파는 외부에 대해서 힘이 없는 하나의 국가조직의 실험을 했던 것이다. 독립전쟁이 발발했을 때, 퀘이커 교도는 그 전쟁이 대표한 그들의 이상을 위해서 무기를 버리고 전쟁에 참가하지 않았다는 사실은 비극적인 일이다. 이에 반하여 정상적인 프로테스탄트의 사상은 국가를 따라서 강제력의 수단을 신의 구조로써 절대적으로 정당화했고, 특히 합법적인 관헌(官憲)국가를 정당화하려고 했다. 루터(Luther)는 전쟁에 대한 윤리적 책임을 개개인으로부터 제거하여 이것을 국가의 공권력에 전가하였다.

신앙상의 문제 이외의 것에 관해서는, 공권에 순종하는 것은 결코 죄가 되지 않는다고 하였다. 캘비니즘은 다시 원리적으로는 신앙 방위의 수단으로서의 힘을 인정했고, 따라서 이슬람에서는 처음부터 생활 요소였던 종교전쟁을 인정한 것이다. 사람들이 정치적 윤리 문제를 제출한 것은 근대적인 문예부흥의 영웅숭배로부터 생긴 불신앙만이, 절대적이었다는 것이 아님을 안다.

모든 종교는 이것과 싸워서 최대로 상이한 효과를 가져왔다. 그리고 위에서 말한 바에 따르면 그것은 또 그것 이외의 것은 될 수 없었다. 인간 단체의 수중에 놓인 순수하게 그 자체로서의 합법적인 강제력의 특수한 수단은 정치에 관한 모든 윤리적인 문제의 특수성을 제약하는 것이다.

어떠한 목적을 위한 일이든지 항상 이 수단과 협정하는 사람은—모든 정치가는 이렇게 하여 왔지만—그의 특수한 결과에 직면하게 된다. 종교적이든 혁명적이든 신앙을 위한 투쟁자는 특히 그러하다. 우리는 자신 있게 현재의 예를 들어 보자. 지상에 있어서 절대적 정의를 강제력으로 수립하고자 하는 사람은 그의 추종자, 즉 인간적인 인간기구를 필요로 한다. 이 장치에 대하여 그는 필요한 내적 및 외적 사례―내세 또는 현세의 보수―를 약속하지 않으면 안 된다. 그렇지 않으면 이 기구는 기능을 발휘하지 않는다. 그러므로 내적으로는 근대 계급투쟁의 조건하에서 증오와 복수심, 특히 원한의 만족과 사이비 윤리의 완고한 주장에 대한 욕구의 만족, 따라서 반대자에 대한 중상과 비방의 욕구에 대한 만족이 절대 필요하게 된다. 그리고 외적으로는 모험과 승리와 획득물과 권력과 봉록이 필요하다.

지도자는 그의 성공 여부를 이 기구의 기능 발휘 여하에 완전히 의존하고 있다. 따라서 또―그 자신의 동기가 아니고―이 기구의 동기 여하에 의존한다. 따라서 그가 필요로 하는 추종자들인 적위군(赤衛軍)이나 밀정이나 선동자에 대하여 보수가 계속적으로 보장되느냐의 여부에 달려 있다. 그러므로 이와 같은 그의 활동조건하에 있어서, 사실상 그가 도달하는 것은 그의 수중에는 없는 것이다. 그의 부하들의 행동은 윤리적으로는 매우 비열한 동기에 의하여 규정되어 있다.

그의 인격과 그의 본질에 대한 솔직한 신뢰감이, 이 지상에 있어서 다수는 아닐지라도 적어도 동료의 일부분을 고무하는 한 그는 부하들을 지배할 수 있다. 그러나 이 신뢰감은 주관적으로 공명정대한 경우일지라도 허다한 경우에 있어서 실제로는 복수심이나 권력욕이나, 약탈욕이나, 봉록에 대한 욕구의 윤리적인 '합법화'에 지나지 않을 뿐만 아니라—이 점에 관해서 우리들은 결코 기만당해서는 안 된다. 유물사관은 결코 임의로 승차할 마차가 아니며, 혁명자들 앞에 정지하는 것도 아니다—오히려 특히 전통적인 일상생활이 격정적인 혁명 뒤에 따라온다. 그리고 신앙의 영웅이나, 특히 신앙 자체가 소멸하고 또는—더욱 효험적인 것은—정치적인 속물근성이나 기술자의 세속적인 관용어의 구성분자가 되어 버린다.

이 발전은 바로 신앙투쟁에 있어서 특별히 행해진다. 왜냐하면 이 신앙투쟁은 혁명의 예언자라고 하는 진정한 지도자에 의해서 지휘되고 또 고무되는 것이 보통이다. 그러나 모든 지도자의 기구에 있어서와 마찬가지로 여기에서도 '기율(紀律)'의 이익에 있어서 공허화와 실용화, 정신적인 프롤레타리아화가 성공의 한 조건이기 때문이다. 한 사람의 신앙투쟁자 밑에서 지배세력을 차지한 부하들은 전혀 평범한 수록자층으로 쉽게 변질되는 것이 보통이다.

일반적으로 정치를 하고자 하는 사람과 직업으로서 정치를 하고자 하는 사람은, 윤리적인 역설과 이 역설의 압력하에 그 자신으로부터 생기는 것에 대한 자신의 책임을 자각하고 있지 않으면 안 된다. 나는 이것을 되풀이하여 말하지만, 그는 모든 강제력 속에 잠복하고 있는 악마적인 힘과 관계를 맺고 있다.

무우주론적인 인류애나 선의 위대한 거인들은 그것이 나사렛에서 나왔건 앗시시에서 나왔건 또는 인도의 왕궁으로부터 나왔건, 정치적 수단인 힘을 가지고 한 것은 아니다. 그들의 나라는 '이 세상의 것은 아니었던' 것이다. 그러나 그들이 세상에 영향을 끼쳤던 것만은 사실이다. 그리고 지금도 영향을 끼치고 있다. 그리고 플라톤 카라타예프[44]나, 도스토예프스키와 같은 모습은 언제나 그들의 가장 적절한 후계자이다.

자기 영혼의 행복과 타인의 영혼 구제를 추구하는 자들은 그것을 정치에서 추구하지 않는다. 정치는 힘에 의해서만이 해결할 수 있는 전혀 다른 임무를 띠고 있다. 정치의 천재나 정치의 악마는 사랑의 신과 함께, 또 교회의 명료한 자태를 나타낸 기독교의 신과 함께 언제든지 해결될 수 없는 싸움으로 폭발할 내적 긴장 속에서 살고 있다. 이것은 교회지배시대에 있어서도 사람들이 알고 있었던 일이다.

재삼재사 플로렌스에서는 파문이 행하여졌다―그리고 이것은 그 당시 칸트학파의 윤리적 판단(피히테의 말에 의하면)의 '냉담한 동의'보다도 인간이나 그 영혼의 행복에 대하여 훨씬 거대한 힘을 의미하고 있었다―그러나 시민들은 교회국가에 대해서 투쟁한 것이다. 그래서 이와 같은 정세에 관련하여 마키아벨리는 내가 잘못을 저지르지 않으면 플로렌스 역사의 한 아름다운 부분에 있어서, 그들 영웅 중의 한 사람을 시켜 그들 영혼의 구제보다도 고향 도시의 위대함을 존중한 시민을 칭찬케 하고 있다.

만약 여러분들이, 오늘날 각자에게 일의적(一義的)인 가치가 아닌 '조국'이나 고향의 도시 대신에 '사회주의의 장래'라든가 혹은 또 '국제평화'의 장래를 부르짖게 한다면, 그때 여러분들은 지금과 같은 문제를 갖게 된다. 왜냐하면 강제적인 수단을 가지고 책임 윤리의 길에서 정치적인 행동에 의하여 활동하는 모든 것은 '영혼의 행복'을 위태롭게 하기 때문이다. 그러나 만약 신앙투쟁에 있어서 순수한 심정 윤리를 가지고 추구한다면, 결과에 대한 책임을 결여하고 있기 때문에 손해를 입고, 시대를 초월해 신용을 잃게 된다. 그때 행동자에게는, 손을 내밀고 있는 저 악마적인 힘이 무의식중에 활동하고 있기 때문이다.

이 악마적인 힘은 가차없는 것이기 때문에, 그의 행동에 대해서도, 또 내적으로는 그 자신에 대해서도 어떤 결과를 만든다. 만약 그것을 보지 않는다 하더라도 그 결과에 대해서 고립무원의 상태로 인도되어 버린다. '악마, 그는 노인이다', '그를 이해하고 싶으면 노인이 되라'는 말이 반드시 연령이나 연대를 의미하는 것은 아니다.

토론에 있어서 출생 일자를 가지고 승부를 결정한다는 것은 나 역시 싫어하는 일이다. 어떤 사람이 20세이고, 나는 50세가 넘었다는 단순한 사실이 있다 하더라도 그것만으로 내가 외경하는 업적이라고는 생각되지 않는다. 연령이 이것을 해내는 것은 아니다. 그러나 확실히 생활의 현실에 대한 시야가, 훈련된 냉철성과 이 현실을 감내하고 내적으로 이 현실에 따라 발전하는 능력은 확실히 존경할 만한 일인 것이다.

진실로 정치라는 것은 머리를 가지고 하는 것이지만, 그렇다고 머리만을 가지고 하는 것은 결코 아니다. 이 점에 있어서는 심정 윤리가는 절대로 정당하다고 할 것이다. 그러나 사람들이 심정 윤리가로서 행동할 것인가, 혹은 책임 윤리가로서 행동할 것인가, 또 언제 전자를 택하고 언제 후자를 택할 것이냐에 관하여 그 누구에게도 규정을 내릴 수가 없다.

다만 한 가지는 말할 수 있다. 즉, 여러분들이 믿고 있는 것처럼 '불모'의 흥분시대가 아닌 이 시기에 있어서—그러나 흥분은 반드시 진정한 열정은 아니다—갑자기 심정 윤리가가 '이 세상은 어리석고 비천하다. 나는 그렇지 않다. 결과에 대한 책임은 나에게는 없고 내가 헌신하여 일하고 있는 다른 사람에게 죄가 있다. 그 우둔이나 비열을 나는 근절할 것이다'라는 표어를 내걸고, 잡초가 자라나듯 떼를 지어 나타난다면 나는 공연하게 다음과 같이 대답할 것이다. 나는 맨 처음에 이 심정 윤리의 배후에 무엇이 놓여 있는가 하는 내심적 비중의 정도 여하를 물을 것이다. 그리고 나는, 십중팔구 그들이 스스로 담당할 일을 현실적으로 생각하지 않고, '낭만적'인 감동에만 도취하고 있는 허풍선이들을 상대하지 않으면 안 된다는 인상을 가질 것이다. 이것은 인간적으로 나에게 조금도 흥미를 주지 않으며 전혀 감동시키지 못한다.

이에 반해서 한 성숙한 인간이—그 연령의 다소에도 불구하고—결과에 대한 이 책임을 현실적으로 진심으로 자각하고, 책임 윤리적으로 행동하면서 어떤 점에 있어서, '나는 이것 이외 다른 것은 할 수 없다. 나는 이것을 고수한다'라고 한다면 그것은 한량없는 감동을 주는 것이다. 이것은 인간석으로 순수하며, 감동을 주는 그 무엇이기도 한 것이다.

왜냐하면 이러한 상태는 정신적으로 죽지 않고 있는

우리들 모두에게 확실히 언젠가는 찾아올 수 있음에 틀림없기 때문이다. 이 점에 있어서 심정 윤리와 책임 윤리는 절대적인 대립이 아니고 오히려 상호 보완하는 것이며, 이것이 하나가 되어서 비로소 '정치에의 직업'을 가질 수 있는 진정한 인간을 완성하는 것이다.

존경하는 청중 여러분, 이제 우리는 10년 후에 이 점에 관하여 다시 한 번 이야기하고자 한다. 만약 그때 유감스럽게 내가 두려워하지 않으면 안 되는 것처럼, 완전한 일련의 이유로부터 반동시대(反動時代)가 벌써 도래하여, 여러분들의 다수에게 공연하게 고백하는 것처럼, 나 역시 희망하던 바가 아마 조금밖에 전무(全無)한 것은 아니라 하더라도—외견상은 조금밖에 실현되어 있지 않았다 하더라도—이것은 흔히 있을 수 있는 일이며, 나를 절망시키지는 않겠지만 그것을 안다는 것은 내심으로 확실히 부담이 크다고 한다면, 그때 나는 여러분들 중에 자신을 진정한 '심정 정치가'라고 생각하고, 이 혁명이 나타낸 열광적 흥분 속에 참가하고 있는 자들에게서—말의 진정한 의미에 있어서—대체 무엇이 '성취되었는가'를 보고자 할 것이다. 만약 그때 셰익스피어 제102 소네트[45]가 알맞는 사태가 되어 있다고 한다면 그것은 실로 아름다우리라.

그 당시엔 봄도 푸르고
나의 사랑도 무르익었다
나는 날마다 내 노래로
그 여자에게 인사하였다.
그곳의 한여름 꽃철에 꾀꼬리는 울고 있건만
세월이 무르익어 감에 그 노래 그쳤다.

 그러나 사태는 그러한 것이 아니었다. 우리들 앞에 놓여 있는 것은 한여름의 꽃철이 아니라, 외면적으로 이제 어떠한 무리가 승리를 한다 하더라도 지금은 우선 얼음에 둘러싸인 암흑과 냉혹뿐인 북극의 밤이다. 아무 것도 없는 곳에서는 황제만이 아니고 프롤레타리아도 그의 권리를 상실했기 때문이다.
 이 밤이 서서히 물러갈 때, 외견상으로 화사하게 꽃 핀 봄날처럼 찬란했던 사람 중에서 누가 살아 남을 것인가. 그리고 여러분들은 대체 내심적으로 무엇이 되었을까. 통분인가, 속물근성인가 혹은 이 세상과 직업과의 단순하고 어리석은 향수인가, 혹은 세번째의 극히 드문 일은 아닌 것, 즉 그것에 대하여 재능을 가진, 또는—종종 나쁜 것이시반—유행으로써 그것을 고민하는 자들의 신비적인 현실도피인가.
 이와 같은 모든 경우에, 나는 다음과 같은 결론을 내

릴 것이다. 즉, 그들은 그들 자신의 행위에 대하여 정당하게 성장하고 있지 않았다고.

현실적으로 존재하고 있는 세계에서나 그들의 일상생활에서나 성장하고 있지 않다. 그들은 스스로 그들 자신 속에 있다고 믿었던 '정치를 위한 직업'을 객관적으로 사실상으로 가장 진정한 의미에 있어서는 가지고 있지 않았다. 그들은 솔직하게 그리고 소박하게 이 사람 저 사람에게 형제애를 배양하고, 그 위에 더욱 전혀 객관적으로 그들의 일상 노동에 주력하는 것이 훨씬 좋았을 것이다.

정치란 정열과 통찰력을 동시에 가지고 굳은 널빤지에 서서히 구멍을 뚫어 가는 것을 의미한다. 이 세상에서 불가능한 것에 대하여 끊임없이 되풀이해서 노력하지 않으면 가능한 것도 획득할 수 없다는 것은 지극히 당연한 일이며, 모든 역사적 경험이 이것을 확증하고 있다. 그러나 이것을 할 수 있는 사람은 지도자라야 한다. 뿐만 아니라 한층 더―매우 단순한 의미에 있어서―영웅이어야 한다.

그리고 이 양자가 아닌 자는 모든 희망의 좌절에도 감내할 수 있는 굳은 마음을 가지고 곧 무장하지 않으면 안 된다. 그렇지 않으면 오늘날 가능한 것을 관철하는 것조차 불가능하게 될 것이다. 이 세상이 그의 입장에서 보았을 때 그가 제공하고자 하는 것에 대하여 너무도 어리석고 비열하더라도, 이런 경우를 당해서 '그럼에도 불구하고!'라고 굽히지 않고 확실히 말할 수 있는 사람만이 정치에 대하여 사명을 갖는 것이다.

㈜

1. Trotskii(Trotsky; Trotski), Leon. 본명: Leib(Lev) Davydovich Bronstein(1877~1940). 러시아의 정치가. 양친은 유태인으로, 혁명운동에 참가했으나 유형되었고, 탈출해서 영국에 망명했다. 멕시코의 망명지에서 암살당함.
2. Brest-Litowsk 1918년 3월 3일, 소련 대 독일·오스트리아·헝가리·불가리아·터키 사이에 평화조약이 체결된 장소.
3. 은혜로써 부여된 능력.
4. 약탈품, 전리품이라는 뜻. 공직의 임면(任免)을 당파적 정실에 따라서 처리하는 정치적 관습을 말한다.
5. 아랍어로 '지배'를 의미하는 말이다. 회교제국의 지배자 특히 터키의 황제를 지칭한다. 베버는 이것에 특별한 의의를 부여하여 술탄제(Sultanismus)라는 개념을 만들었다.
6. 미국에서 1883년 스포일 시스템을 폐지하고, 실적주의에 의한 관리법(官吏法)을 제정한 것을 말함.
7. Karl V(1500~1558) 1530년 로마황제가 되었다. 시종 신교(新敎) 반대의 행동을 강력하게 취하였다.
8. Machiavelli, Nicollo di Bernardo dei(1469~1527) 이탈리아의 정치학자이며 역사가.
9. Puttkamer, Robert von(1828~1900) 프로이센의 정치가로서, 국회의원이 되었다가 보수당에 속하여 문상(文相)을 역임함.
10. 인도의 육파(六派) 철학 중 최초로 일어난 것. Jaimini가 창시한 것으로서, 이 학파의 목적은 '베다(바라문교의 성전)'를 정당하게 해석하고 그 의식을 설명함에 있다.

11. 중세 이탈리아 도시 공화국의 최고 집행권자.
12. 고대 아테네의 최고 정치가. 부유한 피혁 상인이며 페리클레스의 사후(死後)에 민중지도자로 활약했다.
13. B.C. 490~429 고대 아테네의 정치가.
14. 고대 아테네의 군제(軍制)에서 선거된 10인의 군대 지휘관으로 최고 지휘자이다.
15. 제1차 세계대전 때의 연합국을 말한다.
16. 미국의 F.W. Taylor(1856~1915)가 창안한 차별적 지불제도.
17. 1881년 러시아 황제에 의해서 창립된 비밀경찰 제도
18. 1789년 뉴욕에서 결성된 일종의 자선단체가 1800년 뉴욕 시정(市政)을 지배하고, 이후 뉴욕의 민주당 기관으로서 발전했다. 정책에는 무관심하였고, 투표를 매수하고 조작하여 전형적 보스정치를 전개했다.
19. 새로이 귀족이 되었다는 뜻에서 벼락 출세자를 말함.
20. Ostrogorski, Moisey Yakovlevich(1854~1919) 러시아의 정치학자이며, 19세기의 영미(英美) 정당조직 연구가
21. 영국의 정치가(1836~1914). 아일랜드의 내정 자치문제로 글래드스턴 수상의 방침에 반대하여 자유당을 탈퇴하고 보수당에 입당하였다.
22. Gladstone, William Ewart(1809~1898) 영국의 대정치가. 자유당 당수로서 1868년 이후 수상을 4번이나 역임하였음.
23. Disraeli, Benjamin, 1st Earl of Beaconsfield(1804~1881) 영국의 정치가. 보수당 당수·수상. 1880년 총선거에 패배하여 은퇴.
24. Cobden, Richard(1804~1865) 영국의 정치가. 자유무역론의 대표자로서 열렬한 평화주의자.
25. Washington, George(1732~1799) 미국의 초대 대통령.
26. Andrew Jackson(1767~1845) 미국의 제7대 대통령.
27. Calhoun, John Caldwell (1782~1850) 미국의 정치가로 부통령 역임. 민주당 당수. 남부 노예제도 존치론 및 주주권(州主權) 존중론을 지지하였다.
28. Webster, Daniel(1782~1852) 미국의 정치가이며 상원의원으로 노예제도를 공격함.
29. Bebel, Ferdinand August(1840~1913) 독일의 사회주의자이며

사회민주당의 지도자. 비스마르크의 제국주의 정책에 반대함.
30. Georg Simmel(1858~1918) 독일 철학자. 형식사회학의 창시자로서 문화철학에 공헌함.
31. Spartakist, Spartakus 1916년 독일 Karl Liebknecht에 의하여 명명된 좌익 사회주의자의 단체. 1918년의 혁명 후 독일공산당의 창립에 의해서 의회주의에 의한 투쟁 방침 및 민주주의를 배격했다.
32. 성 프란체스코(Franz von Assissi:1182~1226) 본명은 Giovanni F. Bernardone 이탈리아의 신비가·성인. 프란체스코 수도회의 창립자.
33. 황색노동조합(gelbe Gewerkschaft)은 계급투쟁을 부정하고 자본가와의 협조를 목표로 하는 노동조합. 이 회합이 황색 커튼을 친 장소에서 이루어졌기 때문에 이런 별명이 붙음.
34. Fichte, Johann Gottlieb(1762~1814) 독일의 철학자. 프랑스군 침입 때 베를린에서 〈독일 국민에게 고함〉을 강연했다.
35. Zimmelwald는 스위스의 피서지로, 1915년 각국의 급진적 사회주의자들의 집회가 있었으며, 대전을 종결짓고 인터내셔널을 새로이 결성할 것을 결의하였다.
36. Dostoevskii, Fyodor Mikhailovich(1821~1881) 러시아의 소설가.
37. Fölster, Friedlich Wilhelm(1869~?) 독일의 현대 교육학자. 제1차 세계대전중 평화주의자로 활약.
38. 우파니사토(Upanischad)는 힌두교의 최고의 문헌이며, 바라문교 중 최고의 성전인 '베다(Veda)' 문학의 일부를 이루는 인도철학론의 하나이다.
39. 그리스 철학의 하나. 신(神)이 가지는 전지·전능·전애의 특질과 일치하지 않는 것같이 보이는 현세의 악(惡)의 존재 때문에 역으로 신의 존재를 증명하는 것.
40. 인도의 바라문교에 있어서 유인신(Bhagavat)의 교의.
41. 인도교의 신. 왕족의 자손으로 출생하여 어릴 때부터 악마와의 싸움에서 기적을 낳고, 천사와 함께 천동(天童)으로 생활하였다.
42. 고대 인도의 정치론전(政治論典).

43. 기원전 4세기 마가다국을 멸망시키고 알렉산더대왕 이래의 그리스군을 일소하여, 인도에 마우리아 왕조를 건설한 시조.
44. Platon Karatajew는 러시아 작가 톨스토이의 ≪전쟁과 평화≫에 등장하는 주인공. 러시아 농민의 전형적 인물로 철저한 무저항주의 평화론자.
45. 셰익스피어의 제102 소네트(Shakespears 102. Sonet)는 그의 단시(短詩)를 말함.

역자 약력
경북대학교 사범대학 교수

저   서
≪한국의 전통적 정치기반에 관한 연구≫

직업으로서의 학문 외 〈서문문고203〉

개정판 인쇄 / 1996년 3월 5일
개정판 1쇄 / 1996년 3월 15일
글쓴이 / 막스 베버
옮긴이 / 금 종 우
펴낸이 / 최 석 로
펴낸곳 / 서 문 당
주 소 / 서울시 마포구 성산1동 20-12호
전화 / 322-4916~8 팩스 / 322-9154
등록 일자 / 1973. 10. 10
등록 번호 / 제13-16

* 잘못된 책은 바꾸어 드립니다

서문문고 목록

001~303
◆ 번호 1의 단위는 국학
◆ 번호 홀수는 명저
◆ 번호 짝수는 문학

001 한국회화소사 / 이동주
002 헤세 단편집 / 헤세
003 고독한 산책자의 몽상 / 루소
004 멋진 신세계 / 헉슬리
005 20세기의 의미 / 보울딩
006 가난한 사람들 / 도스토예프스키
007 실존철학이란 무엇인가 / 볼노브
008 주홍글씨 / 호돈
009 영문학사 / 에반스
010 쯔바이크 단편집 / 쯔바이크
011 한국 사상사 / 박종홍
012 플로베르 단편집 / 플로베르
013 엘리어트 문학론 / 엘리어트
014 모옴 단편집 / 서머셋 모옴
015 몽테뉴수상록 / 몽테뉴
016 헤밍웨이 단편집 / E. 헤밍웨이
017 나의 세계관 / 아인스타인
018 춘희 / 뒤마피스
019 불교의 진리 / 버트
020 뷔뷔 드 몽빠르나스 / 루이 필립
021 한국의 신화 / 이어령
022 몰리에르 희곡집 / 몰리에르
023 새로운 사회 / 카아
024 체호프 단편집 / 체호프
025 서구의 정신 / 시그프리드
026 대학 시절 / 슈토롬
027 태초에 행동이 있었다 / 모로아
028 젊은 미망인 / 쉬니츨러
029 미국 문학사 / 스필러
030 타이스 / 아나톨프랑스
031 한국의 민담 / 임동권
032 비계 덩어리 / 모파상
033 은자의 황혼 / 페스탈로치
034 토마스만 단편집 / 토마스만
035 독서술 / 에밀파게
036 보물섬 / 스티븐슨
037 일본제국 흥망사 / 라이샤워
038 카프카 단편집 / 카프카
039 이십세기 철학 / 화이트
040 지성과 사랑 / 헤세
041 한국 장신구사 / 황호근
042 영혼의 푸른 상흔 / 사강
043 러셀과의 대화 / 러셀
044 사랑의 풍토 / 모로아
045 문학의 이해 / 이상섭
046 스탕달 단편집 / 스탕달
047 그리스. 로마신화 / 벌핀치
048 육체의 악마 / 라디게
049 베이컨 수상록 / 베이컨
050 미뇽레스코 / 아베프레보
051 한국 속담집 / 한국민속학회
052 정의의 사람들 / A. 까뮈
053 프랭클린 자서전 / 프랭클린
054 투르게네프단편집 / 투르게네프
055 삼국지 (1) / 김광주 역
056 삼국지 (2) / 김광주 역
057 삼국지 (3) / 김광주 역
058 삼국지 (4) / 김광주 역
059 삼국지 (5) / 김광주 역
060 삼국지 (6) / 김광주 역
061 한국 세시풍속 / 임동권
062 노천명 시집 / 노천명
063 인간의 이모저모 / 라 브뤼에르
064 소월 시집 / 김정식
065 서유기 (1) / 우현민 역
066 서유기 (2) / 우현민 역
067 서유기 (3) / 우현민 역
068 서유기 (4) / 우현민 역
069 서유기 (5) / 우현민 역
070 서유기 (6) / 우현민 역
071 한국 고대사회와 그 문화
 / 이병도
072 피서지에서 생긴일 / 슬론 윌슨

서문문고목록 2

073 마하트마 간디전 / 로망롤랑
074 투명인간 / 웰즈
075 수호지 (1) / 김광주 역
076 수호지 (2) / 김광주 역
077 수호지 (3) / 김광주 역
078 수호지 (4) / 김광주 역
079 수호지 (5) / 김광주 역
080 수호지 (6) / 김광주 역
081 근대 한국 경제사 / 최호진
082 사랑은 죽음보다 / 모파상
083 퇴계의 생애와 학문 / 이상은
084 사랑의 승리 / 모옴
085 백범일지 / 김구
086 결혼의 생태 / 펄벅
087 사양 고사 일화 / 홍윤기
088 대위의 딸 / 푸시킨
089 독일사 (상) / 텐브록
090 독일사 (하) / 텐브록
091 한국의 수수께끼 / 최상수
092 결혼의 행복 / 톨스토이
093 율곡의 생애와 사상 / 이병도
094 나심 / 보들레르
095 에머슨 수상록 / 에머슨
096 소아나의 이단자 / 하우프트만
097 숲속의 생활 / 소로
098 미울의 로미오와 줄리엣 / 켈러
099 참회록 / 톨스토이
100 한국 판소리 전집 / 신재효, 강한영
101 한국의 사상 / 최창규
102 결산 / 하인리히 빌
103 대학의 이념 / 야스퍼스
104 무덤없는 주검 / 사르트르
105 손자 병법 / 우현민 역주
106 바이런 시집 / 바이런
107 종교론, 국민교육론 / 톨스토이
108 더러운 손 / 사르트르
109 신역 맹자 (상) / 이민수 역주
110 신역 맹자 (하) / 이민수 역주
111 한국 기술 교육사 / 이원호
112 가시 돋힌 백합 / 어스킨콜드웰
113 나의 연극 교실 / 김경옥
114 목녀의 로맨스 / 하디
115 세계발행금지도서100선 / 안춘근
116 춘향전 / 이민수 역주
117 형이상학이란 무엇인가 / 하이데거
118 어머니의 비밀 / 모파상
119 프랑스 문학의 이해 / 송면
120 사랑의 핵심 / 그린
121 한국 근대문학 사상 / 김윤식
122 어느 여인의 경우 / 콜드웰
123 현대문학의 지표 외 / 사르트르
124 무서운 아이들 / 장콕토
125 대학·중용 / 권태익
126 사씨 남정기 / 김만중
127 행복은 지금도 가능한가 / B. 러셀
128 검찰관 / 고골리
129 현대 중국 문학사 / 윤영춘
130 펄벅 단편 10선 / 펄벅
131 한국 화폐 소사 / 최호진
132 시형수 최후의 날 / 위고
133 사르트르 평전 / 프랑시스 장송
134 독일인의 사랑 / 막스 뮐러
135 사서삼경 입문 / 이민수
136 로미오와 줄리엣 / 셰익스피어
137 햄릿 / 셰익스피어
138 오델로 / 셰익스피어
139 리아왕 / 셰익스피어
140 맥베드 / 셰익스피어
141 한국 고시조 500선 / 강한영 편
142 오색의 베일 / 서머셋 모옴
143 인간 소송 / P.H. 시몽
144 불의 강 외 1편 / 모리악
145 논어 / 남만성 역주
146 한여름밤의 꿈 / 셰익스피어
147 베니스의 상인 / 셰익스피어
148 태풍 / 셰익스피어
149 말괄량이 길들이기 / 셰익스피어

150 뜻대로 하셔요 / 셰익스피어	189 축혼가 (상) / 샤르돈느
151 한국의 기후와 식생 / 차종환	190 축혼가 (하) / 샤르돈느
152 공원묘지 / 이블린	191 한국독립운동지혈사(상) / 박은식
153 중국 회화 소사 / 허영환	192 한국독립운동지혈사(하) / 박은식
154 데미안 / 해세	
155 신역 서경 / 이민수 역주	193 항일 민족시집/안중근외 50인
156 임어당 에세이션 / 임어당	194 대한민국 임시정부사 / 이강훈
157 신정치행태론 / D.E.버틀러	195 항일운동가의 일기/장지연 외
158 영국사 (상) / 모로아	196 독립운동가 30인전 / 이민수
159 영국사 (중) / 모로아	197 무장 독립 운동사 / 이강훈
160 영국사 (하) / 모로아	198 일제하의 명논설집/안창호 외
161 한국의 괴기담 / 박용구	199 항일선언·창의문집 / 김구 외
162 윤손 단편 선집 / 윤손	200 한말 우국 명상소문집/최창규
163 권력론 / 러셀	201 한국 개황사 / 김용욱
164 군도 / 실러	202 전원 교향악 외 / A. 지드
165 신역 주역 / 이기석	203 직업으로서의 학문 외 / M. 베버
166 한국 한문소설선 / 이민수 역주	
167 동의수세보원 / 이제마	204 나도향 단편선 / 나빈
168 좁은 문 / A. 지드	205 윤봉길 전 / 이민수
169 미국의 도전 (상) / 시라이버	206 다니엘라 (외) / L. 린저
170 미국의 도전 (하) / 시라이버	207 이성과 실존 / 야스퍼스
171 한국의 지혜 / 김덕형	208 노인과 바다 / E. 헤밍웨이
172 감정의 혼란 / 쯔바이크	209 골짜기의 백합 (상) / 발자크
173 동학 백년사 / B. 윔스	210 골짜기의 백합 (하) / 발자크
174 성 도밍고섬의 약혼 /클라이스트	211 한국 민속악 / 이선우
175 신역 시경 (상) / 신석초	212 젊은 베르테르의 슬픔 / 괴테
176 신역 시경 (하) / 신석초	213 한문 해석 입문 / 김종권
177 베를렌 시집 / 베를렌	214 상록수 / 심훈
178 미시시피씨의 결혼 / 뒤렌마트	215 채근담 강의 / 홍응명
179 인간이란 무엇인가 / 프랭클	216 하디 단편선집 / T. 하디
180 구운몽 / 김만중	217 이상 시전집 / 김해경
181 한국 고사조사 / 박을수	218 고요한물방아간이야기 / H. 주더만
182 어른을 위한 동화집 / 김요섭	
183 한국 위기(圍棋)사 / 김용국	219 제주도 신화 / 현용준
184 숲속의 오솔길 / A.시티프터	220 제주도 전설 / 현용준
185 미학사 / 에밀 우티쯔	221 한국 현대사의 이해 / 이현희
186 한중록 / 혜경궁 홍씨	222 부와 빈 / E. 헤밍웨이
187 이백 시선집 / 신석초	223 막스 베버 / 황산덕
188 민중들 반란을 연습하다 / 귄터 그라스	224 적도 / 현진건

서문문고목록 4

225 민족주의와 국제체제 / 힌슬리
226 이상 단편집 / 김해경
227 삼락신강 / 강무학 역주
228 굿바이 미스터 칩스 (외) / 힐튼
229 도연명 시전집 (상) / 우현민 역주
230 도연명 시전집 (하) / 우현민 역주
231 한국 현대 문학사 (상) / 전규태
232 한국 현대 문학사 (하) / 전규태
233 말테의 수기 / R.H. 릴케
234 박경리 단편선 / 박경리
235 대학과 학문 / 최호진
236 김유정 단편선 / 김유정
237 고려 인물 열전 / 이민수 역주
238 에밀리 디킨슨 시선 / 디킨슨
239 역사와 문명 / 스트로스
240 인형의 집 / 입센
241 한국 골동 입문 / 유병서
242 토마스 울프 단편선/ 토마스 울프
243 철학자들과의 대화 / 김준섭
244 파리시절의 릴케 / 버틀러
245 변증법이란 무엇인가 / 하이스
246 한용운 시전집 / 한용운
247 중론송 / 나아가르쥬나
248 알퐁스도데 단편선 / 알퐁스 도데
249 엘리트와 사회 / 보트모어
250 O. 헨리 단편선 / O. 헨리
251 한국 고전문학사 / 전규태
252 정을병 단편집 / 정을병
253 악의 꽃들 / 보들레르
254 포우 걸작 단편선 / 포우
255 양명학이란 무엇인가 / 이민수
256 이육사 시문집 / 이원록
257 고시 십구수 연구 / 이계주
258 안도라 / 막스프리시
259 병자남한일기 / 나만갑
260 행복을 찾아서 / 파울 하이제
261 한국의 효사상 / 김익수
262 갈매기 조나단 / 리처드 바크
263 세계의 사진사 / 버먼트 뉴홀
264 환영(幻影) / 리처드 바크
265 농업 문화의 기원 / C. 사우어
266 젊은 처녀들 / 몽테를랑
267 국가론 / 스피노자
268 임진록 / 김기동 편
269 근사록 (상) / 주희
270 근사록 (하) / 주희
271 (속)한국근대문학사상/ 김윤식
272 로렌스 단편선 / 로렌스
273 노천명 수필집 / 노천명
274 콜롱바 / 메리메
275 한국의 연정담 /박용구 편저
276 심현학 / 황산덕
277 한국 명창 열전 / 박경수
278 메리메 단편집 / 메리메
279 예언자 /칼릴 지브란
280 충무공 일화 / 성동호
281 한국 사회풍속야사 / 임종국
282 행복한 죽음 / A. 까뮈
283 소학 신강 (내편) / 김종권
284 소학 신강 (외편) / 김종권
285 홍루몽 (1) / 우현민 역
286 홍루몽 (2) / 우현민 역
287 홍루몽 (3) / 우현민 역
288 홍루몽 (4) / 우현민 역
289 홍루몽 (5) / 우현민 역
290 홍루몽 (6) / 우현민 역
291 현대 한국시의 이해 / 김해성
292 이효석 단편집 / 이효석
293 현진건 단편집 / 현진건
294 채만식 단편집 / 채만식
295 삼국사기 (1) / 김종권 역
296 삼국사기 (2) / 김종권 역
297 삼국사기 (3) / 김종권 역
298 삼국사기 (4) / 김종권 역
299 삼국사기 (5) / 김종권 역
300 삼국사기 (6) / 김종권 역
301 민화란 무엇인가 / 임두빈 저
302 건초더미 속의 사랑 / 로렌스
303 야스퍼스의 철학 사상
　　 / C.F. 윌레프